那些舉人難置ド

離奇巧合
事件簿

—— 攜帶版

2

i-smart

智學堂

智慧是學習的殿堂

國家圖書館出版品預行編目資料

那些聳人聽聞的離奇巧合事件簿/阿摩斯編著.
-- 初版. -- 新北市：智學堂文化，民103.10
面；　公分. -- (謎系列；2) 攜帶版
ISBN 978-986-5819-47-7(第2冊：平裝)

1.奇聞異象

297　　　　　　　　　　　103012988

謎系列：02

那些聳人聽聞的離奇巧合事件簿2(攜帶版)

編　　著 ─ 阿摩斯
出 版 者 ─ 智學堂文化事業有限公司
執行編輯 ─ 林于婷
美術編輯 ─ 劉逸芹
地　　址 ─ 22103　新北市汐止區大同路三段一百九十四號九樓之一
　　　　　　TEL　(02) 8647-3663
　　　　　　FAX　(02) 8647-3660

總 經 銷 ─ 永續圖書有限公司
劃撥帳號 ─ 18669219
出 版 日 ─ 2014年10月

法律顧問 ─ 方圓法律事務所　涂成樞律師
CVS 代理 ─ 美璟文化有限公司
　　　　　　TEL　(02) 27239968
　　　　　　FAX　(02) 27239668

迷霧籠罩的宮廷鬥爭

隱藏在硝煙中的可怕歷史

無頭官司糊塗案

中外名人離奇之死

無孔不入的暗殺

迷霧籠罩的宮廷鬥爭

曹操殺害華佗的真正原因

曹操之所以殺害華佗的真正原因是華佗觸犯了大漢律例？

　　根據《三國演義》的記載：華佗不僅醫術高明，而且醫德高尚，由於不肯專門為曹操一個人看病，被曹操一怒之下給殺了。

　　然而，華佗之死責任果真全在曹操嗎？華佗真的沒有任何過失嗎？

　　《三國演義》第七十八回中，羅貫中詳細地描寫了曹操殺華佗的經過：曹操為造建始殿，親自揮劍砍伐躍龍祠前的梨樹，得罪了梨樹之神，當晚做了個噩夢，驚醒之後便得了頭痛頑症，遍求良醫，均不見效。

　　後來，華歆向曹操舉薦了華佗，曹操立即差人星夜將華佗請來為他看病。華佗認為曹操頭痛

是因中風引起的，病根在腦袋中，不是服點湯藥就能治好的，需要先飲「麻肺湯」（按：也就是人們所熟知的「麻沸散」，是華佗發明的一種麻醉劑），然後用利斧砍開腦袋，取出「風涎」，才可能去掉病根。多疑的曹操以為華佗是要借機殺他，為關羽報仇，於是命令左右將華佗收監拷問，致使一代神醫屈死在獄中，而華佗所著的《青囊書》也因此失傳。

事實真的如此嗎？歷史學家的新發現認為，曹操殺害華佗另有原因。

在中國古代社會裡，「萬般皆下品，唯有讀書高」和「學而優則仕」是眾多讀書人的信條。

華佗所生活的東漢時期，社會上讀書做官的熱潮已經達到頂點，公卿大多數是熟悉經術者，漢順帝時太學生多達3萬人，學儒讀經成為社會風尚，而醫藥技術雖為上至帝王、下至百姓所需，但卻為士大夫所輕視，醫生的社會地位不高，名醫棄醫從政的例子很多。這種社會風尚不

能不對華佗有所影響。

　　據《三國志‧魏書‧方技傳》記載，華佗年少時曾經在徐州一帶遊學，是個「兼通數經」的讀書人。「然本作士人，以醫見業，意常自悔」，一語道破了華佗走上從醫道路以後的心態。在行醫的過程中，華佗深深地感到醫生地位的低下。

　　他的醫術是高明的，名氣越來越大，前來請他看病的高官權貴越來越多。在跟這些高官權貴的接觸過程中，華佗的失落感更加強烈，性格也變得乖戾了，難以與人相處，因此，範曄在《後漢書‧方術列傳》中毫不客氣地說他「為人性惡，難得意」。在後悔和自責的同時，他在等待入仕為官的機遇的再度降臨。

　　曹操請華佗為他治療「頭風」頑症，華佗用針紮胭俞穴位，手到病除，效果很好，《三國志》對此的記載是，「佗針鬲，隨手而差。」後來，隨著政務和軍務的日益繁忙，曹操的「頭

風」病加重了，於是，他想讓華佗專門為他治療「頭風」病。

華佗說：「此近難濟，恒事攻治，可延歲月。」

意思是說，你的病在短期內很難徹底治好，即使長期治療，也只能苟延歲月。曹操的病果真那麼嚴重了嗎？

據中醫界人士講，「頭風」病確實比較頑固，在古代的醫療條件下，想要徹底治癒確實很困難，華佗雖為神醫，也未必有治癒的良策。但若說即使「恒事攻治」，也只能苟延歲月，死期將近，就未免危言聳聽了，很明顯有要脅的成分在內。

有學者認為，華佗正是想利用為曹操治病的機會，以醫術為手段，要脅曹操給他官爵。曹操後來說，「佗能愈此。小人養吾病，欲以自重」，意思是說，華佗能治好這病，他為我治病，想借此抬高自己的身價。這說明曹操當時是

明白華佗的言外之意的。但是他並沒有立即滿足華佗的要求。

　　於是，華佗便以收到家書，想回家小住幾天為藉口，請假回家，到家後又託辭妻子有病，一直不回，對曹操進行再度要脅。曹操依照漢律，以「欺騙罪」和「不從徵召罪」判處華佗死刑，華佗服罪伏誅。

　　據《三國志》記載，華佗回家後，曹操曾經多次寫信催他回來，還曾命令郡縣官員將華佗遣送回來，但是華佗還是不肯回來。

　　曹操大怒，派人前去查看，如果華佗的妻子果真病了，就賜給四十斛小豆，並放寬期限；如果華佗說謊，就拘捕押送他回來。

　　於是華佗就被交付許縣監獄，審訊後本人認罪。荀彧替華佗向曹操求情，曹操不理，將華佗給處死了。

　　那麼，曹操殺華佗有法律依據嗎？依照漢律的規定，華佗犯了兩宗罪：一是欺騙罪，二是不

從徵召罪。主要是後者。漢律中有「大不敬」罪，對「虧禮廢節」之犯者要處以重刑，而華佗的所為，正好給曹操一個殺死他的理由。

然而，曹操之殺華佗只是因此嗎？有沒有其它原因呢？只有等待歷史學家的繼續探索了。

「燭光斧影」
宋太祖趙匡胤緣何而死

面對權力之爭，有真正的兄弟之情嗎？

宋太祖趙匡胤於西元960年發動陳橋兵變，黃袍加身，到西元976年便猝然離世了。

然而，《宋史・太祖本紀》中的有關他的死亡記載只有簡單的兩句話：「帝崩於萬歲殿，年五十。」及「受命杜太后，傳位太宗。」

而野史中的記載又說法不一。因此他的死一直是一個不解之謎，為歷史留下了又一樁懸案。

《湘山野錄》中記載，開寶九年10月，一個雪夜裡，趙匡胤急召他的弟弟趙光義入宮，兄弟二人在寢宮對飲，喝完酒已經是深夜了，趙匡胤用玉斧在雪地上刺，同時說：「好做好做。」

當夜趙光義留宿寢宮，第二天天剛剛亮，他

就不明不白地死了。趙光義受遺詔，於靈前繼位。

　　歷史上所謂「燭光斧影」的疑案就指此事。有人認為「燭光斧影」也許不是疑案，只是晉王趙光義弒兄奪位的藉口。宋太祖安排後事是宋朝的國家大事，不可能只召其弟單獨入宮，並且趙光義又在喝酒時退避。用玉斧刺雪，這正是趙匡胤與趙光義進行過爭鬥的狀態，晉王一狠心殺死宋太祖。然而按宮廷禮儀，趙光義是不可以在宮裡睡覺的，他卻居然在宮裡睡覺。太監、宮女不該離開皇帝，卻居然都離開了。

　　忙亂的人影、奇怪的斧聲，以及趙匡胤「好做好做」的呼喊，一一都告訴人們，這是一場事先策劃的血腥謀殺。

　　而《燼餘錄》則記載，趙光義對趙匡胤的妃子花蕊夫人垂涎之久，趁趙匡胤病中昏睡不醒時半夜調戲花蕊夫人，驚醒了趙匡胤，並用玉斧砍他，但力不從心，砍了地。於是趙光義一不做二

不休，殺了趙匡胤，逃回府中。

《涑水紀聞》裡說：太祖去世時已是四鼓。宋皇后叫內侍王繼恩把皇子德芳叫來。

王繼恩考慮到太祖早就打算傳位於晉王光義，卻找來了趙光義，進宮後，宋皇后問：「是德芳來了嗎？」

王繼恩回答：「晉王來了。」

宋皇后驚詫莫名，後來突然醒悟，哭著對趙光義說：「官家，我母子的性命，都託付給你了。」

另外，據說趙光義以弟弟的身份繼承兄長的帝位，是他母親杜太后的意見。說是杜太后臨終時，曾對趙匡胤說：「如果後周是一個年長的皇帝繼位，你怎麼可能有今天呢？你和光義都是我兒子，你將來把帝位傳與他，國有長君，才是社稷之綱啊！」趙匡胤表示同意，於是叫宰相趙普當面寫成誓詞，封存於金匱裡，這就是所謂的「金匱之盟」。也就是趙光義「兄死弟及」的合

法根據。

杜太后去世時，趙匡胤只有34歲，正值壯年，他的兒子德昭14歲了。即使趙匡胤幾年後去世，也不會出現後周柴世宗遺下7歲孤兒群龍無首的局面。況且，「金匱之盟」是趙光義登基5年後才列舉證人、公佈出來的。為什麼不在趙匡胤死時，堂堂正正公佈出來呢？

另外，趙光義不等到第二年，就改換年號。——新君即位，常例是次年改用新年號紀年。可是趙光義把只剩下兩個月的開寶九年，改為興國元年。這就打破常規的迫不及待，只有一個解釋：搶先為自已「正名」。

最讓人感到莫名其妙的是，趙光義的子孫後代卻似乎相信「殺兄篡位」的說法，把皇位又傳給了趙匡胤的後代。據說趙構沒有兒子，誰來繼承皇位呢？大臣們議論紛紛。有一種強有力的意見是：趙匡胤是開國之君，應該在他的後代中選擇接班人。起初，趙構對這種議論嚴加貶責。忽

然有一天，他又改變主意，說他做了一個夢，夢見宋太祖趙匡胤帶他到了「萬歲殿」，看到了當日的「燭光斧影」的全部情景，並說：「你只有把王位傳給我的兒孫，國勢才有可能有一線轉機。」於是趙構終於找到了趙匡胤的七世孫趙慎，並且把皇位傳給了他。這時離那個血腥的恐怖之夜已經有187年了。

趙匡胤之死，史學家只能根據已有記載進行推理，至今是個謎，以後也很難說情楚。人們之間即使親如兄弟，亦多可共患難、不易共富貴，一遇權位、金錢之爭往往演出一幕幕宮廷政變或殘酷競爭。

「狸貓換太子」是真是假

後宮佳麗三千，為了保住自己的身份與地位，真
是任何手段都可以採用。

　　京劇《狸貓換太子》廣為流傳，可謂家喻戶
曉。演的是宋朝龍圖閣大學士欽差大人包拯巡行
到一處破窯之前，被雙目失明的李娘娘攔住，向
他哭訴自己的身世。靠近一問，她竟是當今聖上
宋仁宗的生母。原來，李娘娘是宋仁宗之父─宋
真宗後宮的宮女。由於不僅長得花容月貌，而
且多才多藝，深得皇帝的寵倖，而懷上了「龍
種」。可是，陰險毒辣的劉德妃，出於自己沒有
生育，十分嫉妒李娘娘，便想出一個「妙計」在
李娘娘生育之時，偷偷地用一隻剝了皮的狸貓，
換去剛剛生下的宋仁宗。宋真宗聽說得了「龍
子」。自然十分高興，便歡歡喜喜的來看自己的

親生骨肉，掀開被窩一看，原來是血淋淋的一隻怪物。李娘娘自感十分冤枉，但又說不清楚。而宋真宗又堅持認為李娘娘是做了孽，才得此報應。於是惱怒之下，把她打入冷宮。後來李娘娘在一位好心宮女的幫助下，逃出深宮躲過劉德妃的滅口之災。李娘娘逃出宮後，苦苦等了20年，才在清正廉明、大公無私的包拯幫助下，戳穿了這一騙局。結果壞人受到應有的懲處，李娘娘也被封為李宸妃。

人們看後，都被戲中李娘娘悲慘而又離奇的經歷深深的感動。然而，歷史上真有「狸貓換太子」一事嗎？

宋仁宗在得知自己的生身母親時，李宸妃已經去世很久了。

但《宋史》記載，說李宸妃確有其人，不過只是劉德妃的侍女而已。但人長得卻是花容月貌，十分討皇帝喜歡。當她懷上龍種時，劉德妃已被封為皇后。但為了能讓自己有個兒子，以便

將來繼承皇位，她便親自請求皇帝把李宸妃生下的兒子趙禎立為己子。為了掩蓋事實真相，於是就設了一條妙計把孩子從李宸妃懷中奪走，從此李宸妃母子之間的聯繫就這樣被割斷了。

真宗去世之後，11歲的趙禎繼承皇位歷史上稱為宋仁宗。劉德妃也順理成章地稱為劉太后輔助政權，但誰也不敢挑明這個真相。但劉太后心想，現在仁宗雖然並不知道自己的生母是李宸妃，但自己一旦將來去世，仁宗肯定會知道實情，一定會怨恨自己，甚至遷怒於自己的後代。於是後來她就暗地晉升仁宗生母為李宸妃。並且西元1032年，李宸妃去世時，劉太后還盼咐舉行隆重葬禮。

西元1033年，劉太后去世後，宋仁宗才知道自己的生母是李宸妃，便無比悲痛和憤怒，隨後下令包圍了劉太后的府第。這時宰相呂夷簡出面勸說皇帝：太后雖然做的不對，但也有養育之恩，不能忘卻。況且她還以皇后禮儀安葬宸妃，

説明她已有自悔之心。開始，仁宗並沒有立即解除對劉太后府第的包圍。後來在重葬生母的過程中，發現生母並沒有遭到殘害和虐待的跡象，隨後下令解除包圍。

即使重葬了生母，仁宗仍然感到對不起生母，為了彌補這份內疚之情，後來他把李宸妃的弟弟李用和一再提升，並把福康公主下嫁給李用和的兒子李瑋。

如此看來，包拯與李宸妃肯定毫無關係，李宸妃更沒有流落到民間。至於劉德妃如何將宋仁宗收為己子，現在已無從考證。

直到現在「狸貓換太子」的真假還不清楚。但有一點可以肯定的是，無論「狸貓換太子」是真是假，這段離奇的宮廷之爭，都是很引人深思的。

明代「壬寅宮變」之謎

即使是病貓也有發威這時，手無寸鐵的宮女也會做出驚天動地大事來。

　　皇帝為防人行刺，往往會日日夜夜命人巡邏守衛。所以皇宮自古以來就是防範最森嚴的地方。明朝也不例外。明朝皇帝的寢宮是紫禁城內的乾清宮。除了皇帝和皇后，其餘人都不可以在此居住，妃嬪們也只是按次序進御，除非皇帝允許久住，否則當夜就要離開。

　　嘉靖年間的乾清宮，暖閣設在後面，共9間。每間分上下兩層，各有樓梯相通。每間設床3張，或在上，或在下，共有27個床位，皇上可以從中任選一張居住。因而，皇上睡在哪裡，誰也不知道。這種設計使皇上的安全大大加強了。

　　然而這種防範只能對外有效，一旦內部發生

變故呢？誰又能防備那些守在皇帝身邊的宮女呢？就是這群宮女，做出了驚天動地的大事。

嘉靖二十一年十月二十一日凌晨，十幾個宮女決定趁朱厚熜熟睡時把他勒死。先是楊玉香把一條粗繩遞給蘇川藥，這條粗繩是用從儀仗上取下來的絲花繩搓成的，川藥又將拴繩套遞給楊金英。邢翠蓮把黃綾抹布遞給姚淑皋，姚淑皋蒙住朱厚熜的臉，緊緊地掐住他的脖子。

邢翠蓮按住他的前胸，王槐香按住他的上身，蘇川藥和關梅秀分把左右手。劉妙蓮、陳菊花分別按著兩腿。待楊金英拴上繩套，姚淑皋和關梅秀兩人便用力去拉繩套。眼看她們就要得手，繩套卻被楊金英拴成了死結，最終才沒有將這位萬歲爺送上絕路。

宮女張金蓮見勢不好，連忙跑出去報告方皇后。前來解救的方皇后也被姚淑皋打了一拳。王秀蘭叫陳菊花吹滅燈，後來又被總牌陳芙蓉點上了，徐秋花、鄭金香又把燈撲滅。這時管事的被

陳芙蓉叫來了，這些宮女才被捉住。朱厚熜雖沒有被勒斷氣，但由於驚嚇過度，一直昏迷著，好久才醒來。

這就是歷史上的「壬寅宮變」，事後，司禮監對她們進行了多次的嚴刑拷打，對她們逼供，但供招均與楊金英相同。

最終司禮監得出：「楊金英等同謀 逆。張金蓮、徐秋花等將燈撲滅，都參與其中，一併處罰。」

從司禮監的題本中可知，朱厚熜後來下了道聖旨：「這群逆婢，並曹氏、王氏合謀 於臥所，兇惡悖亂，罪及當死，你們既已打問明白，不分首從，都依律凌遲處死。其族屬，如參與其中，逐一查出，著錦衣衛拿送法司，依律處決，沒收其財產，收入國庫。陳芙蓉雖系逆婢，阻攔免究。欽此欽遵。」

邢部等衙門領了皇命，就趕緊去執行了。

有個回奏，記錄了後來的回執情況：「臣等

奉了聖旨，隨即會同錦衣衛掌衛事、左都督陳寅等，捆綁案犯赴市曹，依律將其一一凌遲處死，屍梟首示眾，並將黃花繩黃綾抹布封收官庫。然後繼續捉拿各犯親屬，到時均依法處決。」

聖旨中提到了曹氏、王氏，曹氏、王氏是誰呢？據人考證，她們是甯嬪王氏和端妃曹氏，因此，有人根據這道聖旨得出結論，是曹氏、王氏指使發動了這場宮廷政變。

司禮監題本中記錄了楊金英的口供：「本月十九日的東梢間裡有王、曹侍長（可能指甯嬪王氏、端妃曹氏），在點燈時分商說：『咱們快下手吧，否則就死在手裡了（手字前可能漏一個「他」字，指朱厚熜，或有意避諱）。』」有些人便以這一記載作為主謀是曹氏、王氏的證據。

然而有人則不以為然，認為如果主謀是曹氏和王氏，那麼史料上應該記載甯嬪王氏和端妃曹氏的情況，而在以上所述的行刑過程當中，卻從未見到過對曹氏和王氏的處置的描述，因此主謀

是誰尚不能斷定。

　　「深閨燕閑，不過銜昭陽日影之怨」，是明末歷史家談遷對此案的看法，但事實究竟如何，無人知曉皇宮之內又添一樁謎案。

誰是「紅丸案」的幕後主謀

宮廷淫亂，自古皆然。小小紅丸，了結性命。

明代末年，宮廷接連發生離奇的三大案，和朝廷派系鬥爭緊緊糾纏在一起。

各種勢力紛紛介入，因此變得撲朔迷離。著名的「紅丸案」便是其中之一。那麼什麼是紅丸呢？紅丸案究竟是怎麼回事呢？

所謂紅丸，是「紅鉛金丹」，又稱「三元丹」，取處女初潮之經血，謂之「先天紅鉛」，加上夜半的第一滴露水及烏梅等藥物，煮過七次，變成藥漿，再加上紅鉛、秋石（人尿）、人乳、辰砂（湖南辰州出產的朱砂）、松脂等藥物炮製而成。

萬曆四十八年（1620年）七月二十一日，萬曆皇帝病死。八月初一朱常洛登基，鄭貴妃立即

向朱常洛進獻8位美女，取悅於朱常洛。好色的
朱常洛照單全收，「退朝內宴，以女樂承應」、
「一生二旦，俱御幸焉」，由於淫欲過度，八月
初十日便病倒。

司禮監秉筆兼掌御藥房太監崔文升進以瀉
藥，服後病益劇，連瀉三四十次，乃召閣臣方從
哲等入受顧命，詢問冊立皇太子之事。眾臣退下
之後，只留方從哲一人。

皇上問方從哲道：「鴻臚寺官進藥，人在哪
兒？」

方從哲說：「鴻臚寺丞李可灼自稱有仙丹妙
藥，臣等未敢輕信。」

皇上聽後，命宮中侍人立即傳喚李可灼到御
前，給皇帝看病診脈，等他談到發病的原因以及
醫治的方法時，皇帝非常高興，命令進藥，讓諸
臣出去，並令李可灼和御醫們研究如何用藥。

輔臣劉一說：「我有兩鄉人同用此丸，一個
失效，一個有效，此藥並非十全十美。」

禮部官員孫如遊說：「這藥有用與否，關係極大，不可以輕舉妄動。」

然而皇上催促眾人配藥，諸臣又回到御前，李可灼將藥物調好，進到皇上面前，皇上從前喝湯都喘，現在服了李可灼的藥，就不再氣喘了。皇上反覆的稱道李可灼忠心可鑒。

然而大臣們都心懷不安，等候在宮門外。一位太監高興地出來傳話：皇上服了紅丸後，「暖潤舒暢，思進飲膳」。

諸臣歡呼雀躍，退出宮外。到了傍晚，李可灼說：「服了紅丸藥，皇上感覺舒暢，又怕藥力過勁，想要再給服一丸，如果效果好的話，聖體就能康復了。」

諸醫官認為不宜吃得太急。但皇上催促進藥非常急迫，眾人難違聖命。

眾臣即問服藥後的效果如何？李可灼說：「聖躬服後，和前一粒感覺一樣安穩舒適。」

方從哲等人，才放心離開。誰曾想次日早

晨，宮中緊急傳出聖旨，召集群臣速進宮。當群臣將要跑入宮中時，就聽傳來一片悲哀哭號之聲。這是大明泰昌元年（西元1620年）九月初一日。

朱常洛在登極大典時，「玉履安和」，「沖粹無病容」，就是行走、儀態正常，沒有疾病的症象。泰昌帝在萬曆四十八年七月二十二日和二十四日，各發銀100萬兩犒勞遼東等處邊防將士，罷免礦稅、榷稅，撤回礦稅使，增補閣臣，運轉中樞，「朝野感動」。本來以為新君繼位，會有一番作為，沒想到竟出現如此之事。

對於這突如其來的變故，滿朝輿論譁然，在感到驚愕的同時，人們聯想到新皇帝登基一個月來的遭遇，不約而同地都把疑點轉到了鄭貴妃身上。

鄭貴妃給太子獻美女，指使崔文升進藥，大家有目共睹，但李可灼是否受她指使，卻沒有實據。本來，光宗當時已病入膏肓，難以治癒，但

因為吃了江湖怪藥，事情就變得不簡單了。最後，此案不但追查到鄭貴妃，而且方從哲也被迫辭職，李可灼被充軍，崔文升被貶放南京。究竟幕後有主使嗎？到底是誰？現在也不得而知。

順治帝的蹤跡何在

愛江山還是愛美人，對帝王來說確實是兩難之舉，清王朝的順治帝做出了怎樣的抉擇呢？

清世祖愛新覺羅·福臨，為清太宗皇太極第九子，6歲即位，年號順治。順治十七年（1660年）八月十九日，愛妃董鄂氏去世，他十分悲痛，不僅輟朝五日，而且將她晉封為皇后，諡號「孝獻莊和至德宣仁溫惠端敬皇后」。傳說半年後，順治勘破紅塵，於次年正月遁入山西五臺山，削髮為僧。順治真的出家了嗎？

1、出家說

戲劇《董小宛與冒辟疆》敘述了這樣一件事：世家公子江南名士冒辟疆，在絳雲樓主人錢謙益及其妾柳如是的促成下，納秦淮名妓董小宛為妾。清軍南侵，董、冒失散。降清的明將洪承

疇得到了董小宛，得知其為辟疆之妾，為洩私憤，將董偽作皇室棟鄂王之女，改名棟鄂氏，送到皇宮，順治對董寵愛非常，封為貴妃。冒辟疆知道後，透過已做禮部侍郎的錢謙益，買通太監，混進宮中。夫妻相見，分外悲傷，正在此時，皇太后與皇后闖了進來，見狀大怒，遂將董小宛白綾賜死。順治一氣之下，放棄帝位，於五臺山皈依空門；而冒辟疆回到故鄉江蘇，終身不仕，老死鄉里。

這個劇本的情節雖說很富有戲劇性，事實上順治的寵董妃董鄂氏並非董小宛，因為，「當小宛豔幟高張之日」，是「世祖呱呱墜地之年」。董小宛的丈夫冒辟疆寫的《影梅庵憶語》明白的寫著董於順治八年(1651年)去世。當時，海內無數名流以詩詞相吊，這時世祖才14歲，不可能納董小宛為貴妃。

蔡東藩在《清史演義》一書中寫道：「宮中有位董鄂妃，乃是南中漢人，被虜北去，沒入宮

內。順治帝見她身材窈窕，秀外慧中，竟把她
格外寵倖，封為貴妃。」後來，「可憐一朵嬌
花」，「與流水同逝」了。「順治帝十分悲痛，
輟朝五日……順治帝經此慘事，亦看破世情，遂
於次年正月，脫離塵世，只留重詔一紙，傳出宮
中」。此外，還有《清稗類鈔》、《清代野史大
觀》等書中都有關於順治帝因董妃去世而削髮出
家的故事。這樣順治出家的傳聞就在民間廣泛地
流傳開來了。傳說終歸是傳說，順治出家的原因
是什麼呢？

順治一向好佛，早有削髮為僧的念頭，他曾
這樣對木陳忞說過：「願老和尚勿以天子視朕，
當如門弟子旅庵相待。」

臨宣佈他去世前幾天，他還叫最寵信的內監
吳良輔去憫忠寺(今北京廣安門外法源寺)削髮做
和尚。順治與孝惠皇后頗為不合，寵愛的董鄂氏
一死，他以死為藉口皈依了淨土。據說，康熙帝
曾四次去五臺山，前三次都是為看他父親去的，

每至，必屏侍人獨造高峰叩謁。

第四次去，順治已死，康熙見景生情，有詩哀悼：「又到清涼境，巉岩卷複垂。芳心愧自省，瘦骨久鳴悲。膏雨隨芳節，寒霜惜大時。文殊色相在，惟願鬼神知。」

十分悲慟。又傳說在康熙年間，兩宮西狩，經過晉北，地方上無法準備供御器具，卻在五臺山上找到了內廷器物，於是順治出家有了更充分的證據。

2、死於天花

據王熙《王文靖集・自撰年譜》載：「奉召人養心殿，諭朕患痘勢將不起。」

王熙是順治進士，授檢討，後在康熙朝官至保和殿大學士，並奉命專管密本。因此，他的記述有一定的可靠性。同時，張宸在《青瑣集》中亦稱：「傳諭民間毋炒豆、毋燃燈，毋潑水，始知上疾為出痘。」張宸也是當時人，曾任兵部主事。王、張兩個所記完全相合，可以互相印證。

似乎清世祖死於出痘是無疑的了。

民國初年，史學界對順治出家一案很感興趣，紛紛進行考證。其中考證最詳盡的一篇文章是已故明清史專家孟森的《世祖出家事考實》。他舉了《東華錄》等史書的記載，認為清世祖死於痘疹，沒有出家。又認為吳梅村詩中「房」為天駟，「房星未動」是指順治本將幸五臺山而忽然去世。後幾句詩孟森認為是自責之詞。但是他沒有對康熙帝為什麼四次去五臺山，五臺山為什麼存有這麼多供御器具，還有順治生痘疹怎麼會短短幾天就去世等問題作出解釋。

順治出家與否？是死於痘疹嗎？仍是未解之謎。

雍正皇帝繼位之謎

一個堂堂正正的帝王，竟然為了自己是否合法繼位而辯解，為什麼呢？

提起雍正皇帝，二百多年來常是民間傳聞野史的要角，特別是雍正繼位，更是議論紛紛，就連雍正自己也不得不親自寫作《大義覺迷錄》來為此事辯白。那麼雍正究竟是如何即位的呢？歷史學家有如下幾種看法：

1、根本不存在篡位的問題

因為：第一，康熙遺詔是用滿文寫成，用滿語宣讀的，不可能篡改。第二，隆科多與雍正原無深交，何苦冒險矯詔擁立？有關矯詔奪位的種種傳聞，無非出於政敵中傷。第三，胤 若真是康熙未來的皇儲，為何長期滯留邊陲，令人費解。

　　第四，根據《清聖祖實錄》記載，康熙病危前夕，曾將幾位皇子和大臣召至御榻前說：「四子胤禛，人品貴重，深肖朕躬，必能克承大統，著繼朕登基，即皇帝位。」康熙口諭，很明確。況且，康熙臨死前曾命雍正代行郊祀大典，可見「康熙想立的就是雍正」。雍正是根據康熙的遺詔繼位是合法的，不存在疑案。

　　2、謀父篡位

　　康熙讓雍親王代他天壇祭天，不能證明把皇位讓他繼承。康熙心目中的皇位繼承人是十四子胤　，這可以從康熙讓胤　在西陲主持軍務一事看出。因為西征之役關係到中國半壁江山誰屬和清朝今後安危的重大問題，康熙必須認真地選擇他所最信任，最有能力的人充當大將軍。對胤　的任命是為了提高胤　的威信，使群臣傾心悅服，也是康熙以新的方式選擇、培訓皇太子的決定性的環節。第二，據義大利人馬國賢目睹記載：康熙駕崩之夕，號呼之聲，不安之狀，無鴆毒之

事，亦必突然大變。由此可以推斷雍正謀父篡位是有根據的。第三，遺詔是隆科多獨自宣佈的，完全可以將「十」字改為「於」字。

3、康熙的無奈選擇

康熙原本要在胤禛和胤 兩人中選擇一個繼承人，而最終確定了胤禛，胤 被任命為撫遠大將軍，確實説明他是康熙選擇皇太子的候選人之一，但還未做最後選定，否則為何讓他長期滯留邊陲？而胤禛在康熙四十八年晉封為親王後，在皇子中的地位逐步提高，先後22次參予祭祀活動，次數之多，居眾皇子之冠，康熙還屢次讓他參與政務，賜給他圓明園和獅子園，並常去他的花園內遊玩，這是對他的特殊恩遇。此外，康熙十分喜愛胤禛之子弘曆，稱讚其母是「有福之人」，由此可見，雍正是後來居上的皇太子候選人。也有人認為，康熙臨終時本想傳位於胤 ，但他遠在邊疆，若將他叫回再宣佈詔書，在空位階段必定發生皇位糾紛，不得已只好傳位於雍

正。

　　帝王繼位，從來眾說紛紜事。雍正一生被神秘和疑案環繞，本人和周圍卻充滿陰暗氣象。雍正繼位的疑案並沒有因為他繼位而結束，至今仍是一個懸案。

聳人聽聞的「胡藍之獄」

伴君如伴虎，稍不留神，不僅自己有滅頂之災，
恐怕九族都難倖免。

明初的胡惟庸案、藍玉案，史稱「胡藍之
獄」。明太祖朱元璋借此兩案，大開殺戒，從洪
武十三年到洪武二十六年的14年間，他幾乎將明
初的開國功臣誅殺殆盡，受株連被殺者有45000
餘人，可謂亙古未有的最大獄案。朱元璋為什麼
要這麼做？

朱元璋稱帝後，大封開國功臣。其中朱元璋
家鄉的漳洲人、鳳陽人就有6個國公、28個侯。
他們以李善長、胡惟庸為中心，組成了勢力強大
的「淮西幫」。

李善長做丞相之時，小心謹慎，與朱元璋的
衝突並不激烈。胡惟庸當了丞相後，飛揚跋扈，

獨掌生殺大權。他竟敢拆閱呈給皇帝的奏摺，逕
自處理，對不利自己的奏摺隱匿不報；他還時常
不奏報朱元璋，獨斷專行官員的生殺升黜大事。
他還在朝廷中不斷培植私人勢力，並拉攏軍界。
於是他的門下出現了一個文臣武將齊集的小團
體。朱元璋為此深感不安，皇權與相權產生了激
烈的衝突。

洪武十三年，朱元璋以「擅權植黨」的罪名
殺了左丞相胡惟庸，同時對和胡來往密切的官員
也進行抄家滅族。以後又幾興大獄，使「胡惟庸
獄」不斷牽連擴大，到洪武二十三年。功臣太師
李善長等人也以與胡惟庸「交通謀反」被殺。當
時李善長已經77歲，被賜自縊，其家屬70餘人皆
被殺。大批淮西幫的異姓公侯家族被處以極刑。
著名儒臣、文學家宋濂只因受孫子連累，全家被
貶到四川，他也病死於途中。此案延續了10年
之久，前後被殺的幾十家王公貴族，共30000多
人。

藍玉是開國功臣常遇春的妻弟，因南征北戰平定邊疆有功，被封為涼國公。但是藍玉為人驕橫，霸佔民田、廣蓄莊奴、有許多義子仗勢欺入。朱元璋對其多次申斥。洪武二十六年，特務頭子錦衣衛指揮控告藍玉「謀反」並嚴刑拷打成案。不但藍玉全家被殺，列侯以下被族誅的不可勝數，受此案株連被殺的達15000人。這一案，幾乎把軍中勇武剛強之將殺了個精光。至此，淮西幫的軍事力量基本被摧毀了。

陳胡藍兩案被誅殺者之外，還有其它功臣也被朱元璋以各種藉口除去。如朱元璋的親侄朱文止，曾在與陳友諒大戰中堅守南昌85日，立有大功，卻被朱元璋加以「親近儒生，胸懷怨望」，鞭撻致死；開國第一功臣徐達，曾是朱元璋患難與共的戰友，但在洪武十八年他生背疽時，朱元璋明知此病最忌吃蒸鵝，偏偏賜蒸鵝給他，逼著徐達當著使者之面吃下，不久病重而死。殺來殺去，最後，只剩下一個告老還鄉的湯和倖免於

難。

朱元璋為什麼要興「胡藍之獄」呢？有人認為可能有兩點原因：

一是為了鞏固皇權。朱元璋是中國封建社會惟一貧民出身的皂帝。稱帝前，朱元璋和他那幫出生入死的朋友們，不分彼此，平起平坐；稱帝後，政體卻要求把朱元璋神聖化，這些人突然之間要在朱元璋面前拜倒稱臣，這種巨變，他們不適應。另外，他們在平定天下後成為新貴，佔有大量的良田美宅，政治亡經濟上都極力擴張。與朱元璋的統治集團的利益不可避免地發生尖銳衝突。胡惟庸的「擅權撓政」，藍玉的「進退自恣」，都是想搞專制的朱元璋所不能容忍的。所以，朱元璋屢興大獄，目的是為了鞏固自己的統治，絕不是簡單的處置幾個不忠的大臣。

二是為了永保江山。朱元璋41歲稱帝，到天下大定時，他都已60歲了。他從一個貧窮百姓一躍躋身於帝王之列。對其弱子幼孫能否坐穩江

山。是他考慮的最多的問題。當他大開殺戒時，文弱儒雅的太子朱標曾勸諫他不要濫殺無辜，以免傷了君臣和氣。他當時沒有作聲。第二天，他拿著一根棘杖丟在地下，讓朱標去檢。朱標看到上面都是刺，面露難色。

這時，朱元璋拿起棘杖，用利劍削去上面的刺，交給朱標說：「你怕刺不敢拿，我替你把這些刺削掉，再交給你豈不更好！我殺的都是奸惡之人，把內部整頓好了，你才能當這個家。」

為了建立絕對皇權，朱元璋是不惜採取一切手段的，哪怕這些手段是極其殘忍，極其野蠻，極其不合情理！

華盛頓
為何拒絕競選第三任總統

在神聖的背後往往隱藏著許多不為人知的原委。

喬治·華盛頓是美國歷史上首任總統,並且連兩次,在美國歷史上擁有獨一無二的地位。在他第二任總統任期即將結束時,仍有推舉他繼續擔任總統的客觀可能,且憲法上也沒有限制,他不以功臣自居,斷然拒絕競選第三任總統,並於1796年9月發表了著名的《告別詞》,返回他心愛的維爾農山莊。究竟是什麼原因讓華盛頓做出這一出人意料的舉動呢?

1、反對派輿論攻擊的影響

英國一位歷史學家則說得比較明確。

他說:「由於想要空閒,由於感到體力衰退和受到反對派的謾 而氣餒,華盛頓拒絕接受要

47

他擔任第三任總統的要求。」

美國許多歷史和政治學家,也認為,隨著黨派鬥爭的加劇,輿論界的鬥爭也愈演愈烈。在兩派報刊互相攻訐的同時,華盛頓在其第二任總統期間,也受到反對派的無情攻擊;這種攻擊如此激烈,以致弄得他心力交瘁,十分難受。他被指責為「偽君子」、「凱薩」,說他藐視公眾。當他提出不連任第三任總統時,許多雜誌在其頭版頭條中,還把他的舉動稱為「惡毒的謊言」。

費城的《曙光報》在華盛頓告退的次日宣稱:「這一天應成為合眾國的紀念日,……因為,原是我國一切災難根源的那個人,今天已降到與他同胞們的平等地位。」

華盛頓在其執政末年所受到的輿論攻擊,幾乎使他難以忍受。

他在1797年3月2日寫道:「我現在把自己比作要尋找一個休息之處,並正在屈身倚伏其上的疲憊旅客。但是,人們聽任你安安靜靜地這樣工

作，這未免太過分了，非某些人所能忍受。」

　　史學家們認為，綜合上述考據就是華盛頓不想再連任第三任總統的理由了。

　　2、擔心會捲入黨派鬥爭

　　當時美國歷史上第一次出現了激烈的黨派鬥爭，華盛頓本人也覺察到選民中日益增長的憂慮情緒，因此在其告別演說中，語重心長的呼籲團結，反對黨派鬥爭，反對其它分裂勢力。華盛頓在其《告別詞》中尖銳的指出了各種分裂的傾向：政客們施展手法，歪曲「其它地區的意見和目的」，以求在自己本地區內獲得影響；形成各種聯合團體以便謀取凌駕或控制合法的當局；一種「根源在於人心中最強烈的激情的黨派精神起了有害的作用」。

　　不幸的是，在黨派鬥爭中他雖然長期一直保持中立，但在其第二任總統的後期，他失去了非黨派的立場，而成為聯邦黨人。在這種形勢下，他中斷他的從政生涯看來是一個開明政治家的最

好選擇了。在這一點上，美國著名歷史學家約翰·A·卡銳蒂說得更為乾脆。

他說：「他存心以它來冷卻政治欲望。用一個聯邦黨人國會議員的話來說，人民把它當作一個信號，像摘帽子一樣，因為競爭即將開始。」

另外，還有人認為原因在於華盛頓本人的「權力欲」淡薄。然而由於離職之後並沒有明確表明心跡。所以華盛頓不想再繼續擔任總統之職，至今還是一個未解之謎。

隱藏在硝煙中的可怕歷史

「上帝之鞭」折於釣魚島之謎

在東方的麥加城，「上帝之鞭」折斷，令人歎息不已。

1258年2月，蒙古大汗蒙哥親率御營親兵10萬，分三路進攻四川，連克南宋許多州縣，兵臨釣魚城下。

蒙哥宣稱：「不出一月，我將踏平釣魚城。」可是，從1259年2月起，蒙哥親自指揮蒙古軍數次進攻，損兵折將，蒙哥這位橫掃歐亞無敵手、使歐洲人聞之哆嗦的「上帝之鞭」也折於城下。釣魚城也因之而被各國史學家稱為「東方的麥加城」、「上帝折鞭處」。但由於史料對蒙哥死因記載不明，因而，蒙哥的死因，引起了史學家的諸多猜測，主要有以下幾說：

溺水身亡。口授而成的《海屯紀年》說蒙哥

52

是在進攻宋軍時，乘坐的戰船被宋軍潛水者鑿穿船底，落水而死。

為炮風所震傷而死。清代《古今圖書集成》中的《釣魚城記》一文中説蒙哥是在架設望樓窺視釣魚城時，遭到城內宋軍的炮石轟擊，蒙哥為「炮風所震，因成疾。班師至愁軍山，病甚……次過金劍山温湯峽（今四川重慶北碚北温泉）而歿」。

1484年，明朝四川巡按謝士元在《遊釣魚山詩序》裡也説蒙哥是遭「炮風致疾」而死。民國時張森楷先生主持編修的《合川縣誌》也有相同記載，並説蒙哥中炮風的地方就是今釣魚城嘉陵江對岸的東山（現稱炮臺山）。

1980年出版的西南師範學院歷史系編寫的《釣魚城史實考察》一書採納了《釣魚城記》的觀點，還説合州知州王堅在蒙哥中炮風之後，又命人把從釣魚城天池裡撈起來的30多斤重的大魚和幾百個麵餅送到蒙哥營中，並附書一封，告訴

蒙哥把魚煎了和麵餅吃，並說城裡糧食和水都很充足，蒙哥再有10年也攻不破釣魚城。重傷中的蒙哥見到物和信，又羞又氣，退兵溫湯峽而亡。

被宋軍射死。南宋著名詩人劉克莊在《蜀捷》詩裡說：「吠南初謂予堪侮，折北俄聞彼不支，撻覽果殲強弩下。」敘利亞阿部耳法刺底編著的《世界史節本》，翦伯贊主編的《中國史綱要》，張傳璽、李培浩編著的《中國通史講授綱要》對蒙哥之死都持飛矢射死的觀點。

現存於四川省合川縣釣魚城舊址釣魚山忠義祠內，1517年（明正德十二年）合州所立的《新建二公祠堂記》石碑碑文也說蒙哥是「中飛矢而死」。

炮石所傷致死。劉譯華、馮爾康編著的《中國古代史》及邱樹森著的《元朝史話》均採納此種觀點，認為蒙哥在率軍攻城時，被宋軍所發炮石擊中，因傷勢過重而死。

生病醫治無效而死。波斯政治家和文學家刺

施特哀丁編著的《史集》中説，蒙哥好飲酒，時
天氣炎熱，蒙哥軍中流行痢疾，蒙哥亦染疾而
死。清人畢沅在《續資治通鑒》也持這種説法。

　　然而，雖然眾説紛紜，「上帝之鞭」究竟如
何斷折，仍然沒有定論。

李自成兵敗後的生死之謎

處於亂世之中，雖然苟活，也是小心翼翼。

　　1644年，李自成起義軍攻入北京城，推翻明朝的統治。但是山海關一戰，農民軍遭吳三桂和清兵的夾擊，大敗而歸，李自成匆匆在武英殿舉行即位典禮，隨即放火焚燒明宮並撤出北京。1645年行軍至湖北九宮山時，遭地方鄉兵襲擊，李自成不知所終。留給人們一個謎團。

　　關於李自成的行蹤，歷史學家有兩種看法：

　　一是李自成死於九宮山

　　阿齊格向清廷的奏報寫道：「反兵逃竄至九宮山中，我軍隨後搜遍全山，不見李自成，李自成身邊的隨從共20人，被困，自縊而死。派遣一見過李自成者，前往辨認，但屍體已腐爛，不能夠看清，是生是死，繼續追查。」南明兵部尚書

何騰蛟給唐王的奏報則說：「在九宮山已將李自成斬首，首級不慎丟失。」以後這兩封奏報成了多數史學研究人士的根據。

據《明史》、《小腆紀年》、《南疆逸史》等史籍記載，李自成到九宮山後，隊伍散去，李自成本人被程九百等鄉民所殺，同治《通山縣志》、嘉慶《湖北通志》都贊成此說。20世紀80年代在湖北通山縣新發現的《朱氏宗譜》、《程氏宗譜》為「九宮山說」提供了新的證據。在新中國剛剛建立之時，曾掀起一場關於李自成葬身何地的爭論，最終李文治撰文考證李自成葬身之地為湖北省通山縣九宮山。郭沫若贊成此說法，學術界對這一結論也基本認可。

但是，不僅「屍朽莫辨」令人懷疑，而且上呈奏報的阿齊格和何騰蛟兩人當時並未在九宮山，是從手下將士嘴裡聽到消息的。

二是老死於靈泉寺

清朝湖南澧州知州何所作《書李自成傳後》

一文記載，李自成在九宮山並未死去，而是製造的假像，以迷惑追兵從而擺脫清軍。在從湖北公安逃到湖南澧州的過程中，大多數部下見闖王大勢已去，便紛紛另謀生路。到安福縣境內，闖王甩開隨從十餘人，單獨來到夾山靈泉寺削髮為僧，也就是夾山靈泉寺的祖師「奉天大和尚」，法號「奉天玉」。李自成曾經稱自己為「奉天倡議大元帥」，其中「奉天玉」隱含「奉天王」之義。奉天玉和尚於康熙十三年(西元1674年)死於靈泉寺中。何親自見到了曾伺候過奉天玉和尚的老僧，據老僧講，奉天玉和尚在順治初年來到靈泉寺，說話帶有陝西口音。寺內還收藏有奉天玉和尚的畫像，與《明史》記載相符。留在澧州的起義軍餘部一直沒有推舉新的首領，也是由於李自成還健在的緣故。

　　三是隱居夾山

　　清末民初著名學者章太炎贊同這種說法，並親自到澧州進行過實地考察，還考察出李自成夾

山隱居時，曾作詩百首來讚賞梅花，在澧州發現
建有奉天玉和尚的墓地並有骨灰壇出土，20世紀
50年代在奉天玉斷碑上發現有「子門徒已數千指
中興」等句，完全是一派將領的豪言壯語。重修
夾山寺時，又發現刻有《梅花百韻》詩的殘版，
上面殘留九首詩歌；同時還發掘到「永昌通寶」
銅幣（永昌是李自成大順政權的年號），刻有「永
昌元年」字樣的竹制扇骨、銅制熏爐等。據史學
家稱，奉天玉和尚墓出土的符碑上面，刻有四句
四言偈語，十分接近於李自成的家鄉米脂的傳統
隨葬符碑，其中有三句和在米脂地區出土的一塊
符碑上的三句完全相同，這與石門的傳統發葬習
俗有明顯區別。

　　解開最終的謎底，仍有待時日。

真假特洛伊戰爭

特洛伊僅僅是古希臘神話中的城市,還是一座確實存在過的「失落之城」?

　　特洛伊也稱「伊利昂」。位於小亞細亞半島西端赫勒斯滂海峽(即達達尼爾海峽)東南,西元前十六世紀前後由古希臘人所建。

　　特洛伊王子帕里斯來到希臘斯巴達王麥尼勞斯宮作客,受到了麥尼勞斯的盛情款待,但是,帕里斯卻拐起了麥尼勞斯的妻子。麥尼勞斯和他的兄弟決定討伐特洛伊,由於特洛伊城池牢固,易守難攻,攻戰十年未能如願。最後英雄奧德賽獻計,讓邁錫尼士兵燒毀營帳,登上戰船離開,造成撤退回國的假像,並故意在城下留下一具巨大的木馬,特洛伊人把木馬當作戰勝品拖進城內,當晚正當特洛伊人歡慶勝利的時候,藏在木

馬中的邁錫尼士兵悄悄溜出，打開城門，放進早已埋伏在城外的希臘軍隊，結果一夜之間特洛伊化為廢墟。

正是這場戰爭引出了兩大史詩，從而成為西方文學的源頭，那麼，這場戰爭是真是假呢？在那樣一個人神界限特別模糊、人類很像神靈而神靈身上又表現出太多人性的時代，特洛伊成為這一時代人神之中最偉大者交鋒的場所。

歷史上很多人認為這是歷史事實，並真正發生在希沙立克。但是，自從18世紀開始，學者們對此提出了質疑。許多人懷疑特洛伊曾經發生過戰爭，甚至更有一些人懷疑荷馬的存在，至少懷疑荷馬作為一個單獨的個人而非一系列詩人的存在。

到了19世紀下半葉，只有極少數學者相信荷馬史詩是對歷史上的真實事件的記錄。而相信特洛伊——假如它真的存在過的話——就在希沙立克的人則更少。然而還是有人相信特洛伊的存

在，這其中包括業餘考古學家弗蘭克・卡爾弗特
——美國駐這一地區的領事。19世紀60年代中
期，卡爾弗特與其合作者德國富翁海因里希・謝
里曼對希沙立克進行了發掘，發現了古典時期的
神殿和一些高大的建築物。後來，曾做過謝里曼
助手的威廉・德普費爾德繼續進行他未竟的事
業。德普費爾德發現了更多的大房屋、一座望
塔、300碼長的城牆。

德普費爾德的看法一直流行，直到40年後，
一支美國探險隊在卡爾・布利根的帶領下來到希
沙立克。布利根認為，特洛伊的覆滅，絕對不可
能是希臘人的入侵造成的。因為城牆的一部分地
基發生了移動，而其它部分則似乎徹底傾坍了。
他認為這種破壞不可能是人為的，可能是一場地
震導致如此。

究竟是特洛伊戰爭成就了荷馬史詩，還是荷
馬史詩成就了特洛伊戰爭，特洛伊戰爭究竟是真
是假，這一切都湮沒在漫漫的歷史長河之中了。

古羅馬起義將領斯巴達克
為何率軍南下

一名將領的決策力，往往決定千千萬萬人的生
死，一旦決策失誤，即刻血流成河。

　　西元前71年春，斯巴達克領導的起義軍與羅
馬奴隸主的官軍舉行了一場最後的決戰。雙方在
阿普里亞境內展開激戰，斯巴達克和6萬名部下
英勇戰死，官軍把被俘的6000名起義軍全部釘死
在從卡普亞到羅馬大道兩邊的十字架上。起義雖
然失敗了，但是人們在分析斯巴達克失敗的原因
時，一直不明白斯巴達克曾一度制訂北上出境計
畫，如果認真施行這個計畫，他們離開羅馬返回
色雷斯結果會怎麼樣呢？那麼他放棄北上計畫的
原因究竟是為什麼呢？

　　西元前73年，斯巴達克領導奴隸起義，反對

羅馬奴隸主統治，起義很快席捲整個義大利半島。

當斯巴達克起義軍將克勞狄烏斯和瓦利尼烏斯的圍剿接連粉碎後，斯巴達克曾擬訂了一個北上計畫：「全軍向阿爾卑斯山前進，越過高山，北上出境，返回故土。」重獲自由，這也是人之常情。

不過副將克里克蘇對斯巴達克提出的這個計畫堅決反對。隨後，克里克蘇率領2萬人憤然出走，不幸被官軍消滅。

斯巴達克率軍繼續北上，將楞圖魯斯和蓋利烏斯的前堵後追挫敗，義軍一度攻打到阿爾卑斯山腳下的穆提那城。但斯巴達克此時突然放棄北上計畫，率領全軍調頭南下。

羅馬元老院害怕起義軍會攻打羅馬城，立即派獨裁官克拉蘇帶領8個軍團前往鎮壓奴隸起義。克拉蘇採用古老的《十一抽殺律》：凡戰敗或臨陣脫逃者，10人當中抽籤選出1人處死。如

此嚴明的軍紀使羅馬軍隊的戰鬥力大大提高。

被趕到義大利半島南端的布魯提翁的起義軍準備渡海去西西里，但卻失敗了。

克拉蘇下令在半島最南端挖了一條兩端通海的大壕溝，企圖將起義軍的退路截斷，將起義軍就地殲滅。起義軍儘管奇跡般的衝過封鎖，但損失巨大，不久就陷入困境。羅馬元老院又在此時命令魯庫魯斯從馬其頓、龐培從西班牙回師，會同克拉蘇從東、北、南三面包圍起義軍。

在這個緊要關頭，起義軍內部牧民出身的康格尼斯不同意撤離義大利半島，帶領12000名起義軍離開隊伍，結果很快被克拉蘇消滅。

南下義軍的最終失敗，很大原因是由於起義軍內部始終在去與留的問題上存在嚴重的分歧。

這與起義軍來源有很大的關係：斯巴達克等人是來自色雷斯的角鬥士，有很強的鄉土意識，希望有朝一日能回歸故土色雷斯。而另外一些起義軍過去是羅馬破產農民，不願意離開羅馬。這

種強烈的本土意識使他們在大敵當前時意識不到真正的危險而團結起來。當初他們放棄北上計畫的原因又是什麼呢？

有人認為阿爾卑斯山的惡劣條件改變了起義軍北上翻越山嶺的計畫。阿爾卑斯山平均海拔3000米左右，是歐洲最高的山峰，許多山峰終年積雪，山上氣候千變萬化。12萬起義將士到達阿爾卑斯山腳下時，身上的單衣無法禦寒，再加上起義軍糧食不足，沒有辦法，只好取消了北上計畫。

還有人認為，斯巴達克計畫的改變緣於客觀形勢的變化。起義之初，敵強我弱，斯巴達克感到很難對付羅馬官軍，不宜久留羅馬，所以他擬訂北上計畫，先在敵人力量比較薄弱的北部地方發展自己，爭取早點翻越阿爾卑斯山返回故土。

但北上途中的節節勝利，尤其是起義軍將羅馬執政官克勞狄烏斯、名將楞圖魯斯和蓋利烏斯的圍剿接連挫敗之後，聲勢大振，敵我力量對比

出現了一點變化。起義軍因此變得自信起來：覺
得可以留在羅馬「一搏」。

　　如果斯巴達克繼續北上，並且成功地翻越阿
爾卑斯山，返回了色雷斯，將會是什麼結局你？
羅馬官軍是想把斯巴達克逐出本土，還是要將其
一網打盡呢？

古羅馬遠征安息的大軍
流落何處

「人過留名，雁過留聲。」這一群6000人的軍隊
卻無聲無息地失蹤了，他們到底去了哪裡呢？

　　西元前53年，古羅馬帝國，糾集7個軍團，
在古羅馬「三巨頭」之一的執政官克拉蘇的帶領
下，發動了對安息(今伊朗一帶)的侵略戰爭。羅
馬軍隊在卡爾萊遭到安息軍隊的圍殲，克拉蘇本
人被殺。他兒子普布利烏斯率領的第一軍團6000
餘人拼死突圍成功。但突圍之後卻杳無音信，羅
馬人幾番尋找也得不到他們的影蹤，他們去了哪
裡？2000年來留給人們一個難解之謎。

　　西元前20年，古羅馬帝國與安息簽訂和約。
當時，羅馬帝國要求遣返33年前卡爾萊戰役中被
俘的戰俘，並尋找普布利烏斯的下落。然而，時

過境遷，普布利烏斯及其所率餘部早已無影無蹤。

史海茫茫，中外學者一直探究著這批羅馬軍的去向。

據《漢書‧陳湯傳》記載，西元前36年，西漢西域都護府將領甘延壽、陳湯率4萬多名將士，討伐郅支單於，戰於郅支城(今哈薩克斯坦江布林城)時，陳湯等遇上了一支奇特的軍隊，「步兵百餘人，夾門魚鱗陣，講習用兵……」「土城外有重木城」。交鋒後，西漢軍隊「以生虜百四十五，降虜千餘人」而告勝。這種用圓形質牌連成魚鱗形狀進行防禦的陣式以及修「重木城」的作法，只有羅馬軍隊採用。據此，學者們認為，這支軍隊極可能是在卡爾萊戰役中突圍並已失蹤17年的羅馬軍隊殘部。

學者們進一步研讀史料時發現：幾乎是在古羅馬向安息要求遣返羅馬戰俘的同期，中國西漢的版圖上出現了一個被命名為驪 的縣。它設置

在今甘肅省永昌縣城之南，從《漢書》到《隋書》，都準確無誤的記載了這個縣的存在。

當時，中國多稱羅馬帝國為大秦國，或稱黎、驪、力乾等名。司馬遷在《史記》中，就把羅馬帝國稱作黎。西漢何以設置以驪命名的縣？

《後漢書》載：「漢初設驪縣，取國名為縣。」

清代學者惠棟在《後漢書補注》中說：驪縣「本以驪降人置」。

澳大利亞專家大衛‧哈里斯也對此進行了深入分析，推斷這支奇特軍隊就是克拉蘇東征部隊的殘部。當年他們從帕提亞的卡雷突圍之後，輾轉各地。後來又突破安息東部防線，進入中亞，被郅支單於收編為雇傭軍。在西元前36年西漢與郅支之戰中被陳湯收降，帶回中國。他還根據資料推斷，驪城舊址就在今甘肅省永昌縣境內。

另外，中國、澳大利亞和前蘇聯的一些史學

家也對此進行深入研究，他們找到一張西元前9
年繪製的地圖，根據地圖指示，確認驪縣就是現
在的焦家莊鄉者來寨。

　　但是也有一些持不同意見的人否定大衛・哈
里斯的推斷。他們說，「重木城」和「魚鱗陣」
並非是完全屬於羅馬人的軍事藝術。在中國，編
木或夯土為城古已有之，外城為郭、內城為城是
中國古代通制。而且，《左傳》中記載，中國古
代也曾使用「魚鱗陣」，當時其正式名稱叫「魚
麗陣」。

　　還有一些學者認為，即使當初羅馬人的確曾
到過此地，經過與當地居民2000多年的通婚、融
合，面貌恐怕早已大大改變，不再具有當初的特
徵。另外也有人認為，這個地區外來人口一直比
較複雜，很難依據現在那些地區存在酷似歐洲人
的居民這一事實判定羅馬人後裔生活在這裡。

　　古羅馬遠征軍究竟有沒有到中國，如果沒
有，他們能去哪裡呢？

拿破崙滑鐵盧慘敗之謎

痔瘡引起的蝴蝶效應，導致了一場決定歷史走向
的戰爭的慘敗？

　　歷史牢牢記住了1815年6月18日。滑鐵盧之
戰不僅終結了一個英雄的夢想，也終結了一個王
朝的夢想。拿破崙，這位曾給予很多法蘭西人光
明、自由和希望的天之驕子，從此被流放到聖海
輪島。然而，人們對於拿破崙在滑鐵盧戰役的失
敗原因，一直沒有放棄推測，但是也一直是眾說
紛紜。

　　一般認為拿破崙在滑鐵盧戰役失敗有如下原
因：

　　1、元帥指揮不力

　　內伊元帥儘管在滑鐵盧表現了非凡的勇氣，
但其指揮是不力的。在里尼迂回時，不分主次，

與2萬英軍糾纏，致使8萬普軍未被殲滅。

格魯公元帥更是昏庸，其在滑鐵盧以3.4萬
兵力，無所事事。聽到滑鐵盧炮聲，卻以沒接到
命令為由不回援。其部下4軍團司令吉拉爾將軍
一再力諫，都被其拒絕。

而作為總參謀長的蘇爾特元帥，也是不稱職
的。第一次擔任此職的蘇爾特，儘管於18日晨及
時的提醒了拿破崙調回格魯西部，也有一些好的
建議，但其參謀部的組織卻是千瘡百孔。法軍在
里尼、滑鐵盧一再不知敵情。在里尼，參謀部
竟不知普軍右翼遠處有2萬英軍，在內伊被牽制
時，也沒有及時命令其以主力投入主戰場。而6
軍團竟因駐地遠，調動遲，而未能趕到。在滑鐵
盧，參謀部既不知普軍來援，也不知格魯西的去
向。

2、軍隊倉促組建，素質差

儘管拿破崙任命名將達武元帥為陸軍部長，
在2個月內組織了28.4萬軍隊，且部隊中也有不

少老兵，但整個部隊畢竟是倉促組建，缺乏訓練，槍械、彈藥、馬匹也十分缺乏。部隊的高、中級指揮員更是缺乏，以至格魯西這樣的平庸之輩也要獨當一面。

法軍在滑鐵盧決戰時，進攻被迫採用師縱隊，每營成三列橫隊，每師則形成正面200人，縱深24-27列的龐大方陣，行動笨拙。

3、兵力分散，調動不及

拿破崙歷來主張集中優勢兵力。但此役卻奇怪的一開始就分散使用兵力。拿破崙計畫集中兵力各個擊破普英軍，法軍先於滑鐵盧決戰前兩天的6月16日，在里尼擊潰布呂歇爾的普軍。但因1軍團迷路，沒有及時趕到戰場，6軍團又距離過遠，調動太遲，致使里尼之戰成為擊潰戰，而不是預想的殲滅戰。

拿破崙也沒有在16日黃昏組織追擊普軍，而是在第二天派出格魯公元帥率3.4萬人追擊。但為時已晚，格魯西根本沒有找到普軍，反而浪費

了大量兵力，卻使普軍最後與英軍會合。

然而目前，又有學者表示，拿破崙的滑鐵盧慘敗是由於他的痔瘡所導致。

理查德・紮克斯曾在《西方文明的另類歷史》敘述說，拿破崙的痔瘡實際困擾他一生，「在他極其焦慮的常見姿勢中，他經常搔自己的身體，經常搔得瘡口出血為止。他經常說：『我只在皮膚上感覺到活著。』可是，經常困擾他的，並不僅僅是他臉上的皮膚。滑鐵盧戰爭期間，他的痔瘡經常嚴重的發作，這使拿破崙這位極聰明的進攻型戰略家，無法騎馬外出視察軍隊，也無法與戰地軍官們商討戰爭局勢，特別是在最後兩天，當時，那場戰爭仍然是有希望打贏的。有好幾種來源證實，在很多時間他是用止痛的鴉片在帳篷裡抽得飄飄然。」

據可靠史料記載，由於連年征戰，拿破崙可謂身心疲憊，並且患上了日益嚴重的痔瘡和膀胱炎。滑鐵盧之戰的前一天，正逢暴雨如注，年近

50的拿破崙面臨決戰，不得不連續騎馬奔波於泥濘之中，終於導致痔瘡復發以致肛裂。所以，第二天決戰之時，這位偉大的戰略家再也無法看戰況和部隊，更無法親自帶領士兵衝鋒陷陣。痔瘡，就這樣無情而又堅決的控制了拿破崙，使他欲哭無淚，也使法軍失去了一個個瞬間反攻的大好時機，從而徹底埋葬了拿破崙天才般的機動指揮才能。但歷史並沒有突出拿破崙的這一隱痛。

理查德·紮克斯如此說到：「因為要強調人性的一面，歷史上一些粗俗的小事情，會使一些教科書的編著者十分不安。歷史不再是按照邏輯從一個時代走向另一個時代的，哪怕這些邏輯就像教室的鐘擺一樣，嘀滴答嗒催你入睡。」

西班牙「無敵艦隊」覆滅之謎

古西班牙語：la Felicissima Armada即最幸運
的艦隊；現代西班牙語：la Armada Invencible
即不可擊敗的艦隊，實際上卻是一戰而敗。

　　英國與西班牙原來一直保持著十分密切友好
的關係。可是在16世紀初，英格蘭國王亨利八世
的一段婚外戀情卻在兩國之間埋下了禍根。

　　到新教徒伊莉莎白一世繼承了英國王位以
後，兩國因爭奪一個叫尼德蘭的地方，使矛盾達
到極至。

　　為了爭奪海上霸權，西班牙和英國於1588年
8月在英吉利海峽進行了一場舉世矚目、激烈壯
觀的大海戰。

　　這次海戰，西班牙實力強大，武器先進，戰
船威力巨大，且兵力達3萬餘人，號稱為「最幸

運的無敵艦隊」。而當時英國軍隊規模不大，整個艦隊的作戰人員也只有9000人。兩軍相比，眾寡懸殊，西班牙明顯佔據絕對優勢。

但是，出人意料的是這場海戰的結局以西班牙慘遭毀滅性的失敗而告終，「無敵艦隊」幾乎全軍覆沒。從此以後西班牙急劇衰落，英國則成為海上強權，開啟了伊莉莎白一世的盛世。

為什麼強大的「無敵艦隊」竟然在寡弱對手面前如此不堪一擊呢？

對此，學者一般有三種看法：

一種說法認為「無敵艦隊」遇上了天災。它首先遇到的對手，是非常可怕而又無法戰勝的大西洋的狂風巨浪，這是進軍時機選擇不當造成的。

在「無敵艦隊」起航不久即遇到大西洋風暴的襲擊，許多船隻被毀壞，淡水從倉促製成的木桶中漏出，食物大量腐爛變質，水手們疲憊不堪，大多數步兵也因為暈船而失去戰鬥力。

「無敵艦隊」還沒有與英國交戰先折兵，戰鬥力大大受到削弱。不得已，西頓尼亞帶著這樣一支失去戰鬥力的艦隊與英軍開戰，從而導致厄運的發生。回國時，在蘇格蘭北部海域，再次遇到大風暴，一些艦船又被海浪吞噬或觸礁沉沒。至此，「無敵艦隊」幾乎已全軍覆沒。

還有一種說法認為。西班牙的強盛，只是表面上的暫時的虛假繁榮。西班牙國王腓力二世加強專制統治，搜刮民財，連年征戰，專橫殘忍，揮霍無度，激起了廣大人民的憤恨，國內危機四伏。這次戰爭根本是不得民心的。

另有學者認為，「無敵艦隊」的慘敗是由於西班牙國王用人不當造成的。

1588年4月25日，腓力二世在里斯本大教堂舉行授旗儀式，任命大貴族西頓尼亞公爵為艦隊總司令，率領艦隊遠征。西頓尼亞出身於名門望族，在貴族中有較高威望，深得國王信賴，所以被任命為艦隊統帥。但是他本來是一名陸將，根

本不懂海戰，對指揮龐大的艦隊在海上作戰毫無經驗，而且會暈船。對這項任命他始料不及，根本沒有任何心理準備和信心指揮這場戰爭。他也曾要求腓力二世另請高明，但未被獲准。試想，這樣的將領指揮海戰，焉有不敗之理？

　　無論是什麼原因，西班牙「無敵艦隊」的覆滅都給軍事家一次深刻的反省。

納粹戰犯赫斯之謎

一個納粹分子，身上隱藏了多少秘密，為什麼有人要殺他？

在施潘道監獄度過了將近半世囚徒生涯的魯道夫‧赫斯突然自殺身亡。赫斯到底死於自殺還是他殺？你也許會問，赫斯是誰？人們對他為什麼如此之關注？

赫斯德國納粹黨的第二號人物──魯道夫‧沃爾特‧理查德‧赫斯，作為一個納粹的創始人，在德國右翼分子當中的影響力非比尋常。1946年9月下旬，法庭繼續對赫斯進行審訊。當赫斯否認自己有罪時，一位美國律師站起來，展示了一張納粹組織的系統表，這張表表明：希特勒的指定接班人首先是赫斯，然後才是戈林。

1941年5月10日晚11時左右，一架德國空軍

的Me110戰鬥機在蘇格蘭格拉斯哥墜毀，機上一名身穿尉官服的德國人成功跳傘，他就是納粹副元首赫斯。在英國落地後，成為英軍俘虜的赫斯聲稱，他此行的目的是想向英國國王以及渴望和平的英國民眾轉達希特勒停戰的願望：赫斯的出走使當時處在戰爭僵局的英德雙方都陷入尷尬的處境。儘管英國一再淡化此事，但蘇、美政界和新聞媒體都紛紛猜測英德兩國在秘密媾和，法國抵抗人士更是直言不諱地指責英國的「背叛」行為。而義大利、日本政府對赫斯的驚人舉動則迷惑不解，懷疑希特勒對它們三心二意。1946年10月，赫斯作為納粹戰犯被軍事法庭宣判赫斯無期徒刑。

赫斯所在的施潘道監獄由蘇聯、美國、英國和法國各指派1名監獄長共同管理，各組織30名衛兵輪流看守。有關的經費全部由德意志聯邦共和國政府承擔。垂暮之年的赫斯體弱多病，生活幾乎不能自理，經常要送入醫院就醫。美、英、

法三國政府多次以人道主義為由，提出將赫斯假釋出獄，但均遭蘇聯方面的拒絕。

為了讓赫斯能夠在獄中「安享晚年」，各國政府還特別為他在施潘道軍事監獄的花園裡蓋了一間小的避暑別墅。屋子裡的陳設很簡單：幾把椅子，一張桌子，一張用來睡覺的木質長凳還有一盞可供赫斯讀報紙的油燈。

每天都有專門的醫生和護士來給他做身體檢查。由於那時的赫斯已經是高齡了，醫生們還為他制定了一個代碼為「自相矛盾」的應急方案。也就是在赫斯病危或遇到不測之時，就會啟動這套方案，對他進行特別護理。

赫斯所在的施潘道監獄由二次世界大戰的戰勝國美、蘇、英、法四國士兵輪流看守。1987年8月是美國士兵的執勤月，這裡所有的一切都平靜如往昔。8月17日這一天，赫斯吃飯午飯之後，要求看守他的獄卒讓他到別墅外面呼吸呼吸新鮮空氣，但沒過一會兒便獨自進了他的小屋。

然而大概在下午3點的時候，監獄警報突然拉響，「自相矛盾」應急方案也真的派上了用場。

在1997年底之時，施潘道監獄的前獄長尤金-伯德同俄羅斯新聞報記者和當年執行「自相矛盾」應急方案主要的護士阿卜杜拉赫進行了一次會面。

阿卜杜拉赫回憶說：「那天，我接到了提前安置好的應急電話，我的第一反應就是赫斯出事了。然後，我急忙奔向了施潘道監獄，那時的施潘道監獄門口已亂成一團。開始的時候，儘管看守的士兵都認識我，也知道我是經過授權可以自由進入那裡，但他們卻不讓我進去。經過一番爭執，他們終於把我放進去了，那時的我已經來不及同他們生氣，飛一般的向赫斯的別墅跑去。當我推開門時，發現看守赫斯的士兵約旦在赫斯身上按來按去，動作非常的奇怪，明顯那不是在為赫斯做心臟按摩。於是，我急忙把約旦推開，但那時的赫斯已經停止了呼吸，只見一根繩子像一

條蛇一樣緊緊地纏繞在他的脖子上面。作為一名醫務工作者，只要病人有一線生機，我都不會放棄。所以，我把繩子從赫斯脖子上解開之後，一邊按照『自相矛盾』應急方案對他進行搶救，一邊喊身旁的約旦來幫我。但是他站在那裡一動也不動，只是向我喊道：『沒有用了，這個老鬼已經完了。』，結果『自相矛盾』應急方案以失敗而告終。沒過一會兒，赫斯的屍體便被人抬到了英國軍事醫院。」

赫斯死後，他的家人便要求律師讓施潘道監獄將所有赫斯的私人物品交出來，其中包括赫斯的筆記本。然而，施潘道監獄和赫斯待過的小別墅早已被夷為平地，赫斯所有的私人物品也跟著消失的無影無蹤。據當時掌權的部門稱，他們是為了防止納粹勢力餘孽藉機興風作浪才把它們拆除的，赫斯的家人可以帶走赫斯的屍體。在對赫斯進行公開驗屍時，英國法醫詹姆士・卡梅隆證實了赫斯用電纜上吊自殺的說法。

赫斯的家人怎麼也不能接受這個現實。赫斯的兒子強烈要求要對赫斯進行第二次驗屍，慕尼克法醫學院在1987年8月21日對赫斯進行了第二次驗屍。專家發現：死者脖子上有繩索多次纏繞過的跡象，勒痕呈平行狀，沒有任何自殺痕跡，實屬謀殺。

　　赫斯的兒子沃爾夫·赫斯說：「我對第二次的驗屍結果深信不疑。因為這年，父親可能被特赦出獄。在1987年春天的時候，父親曾告訴我：『蘇聯人準備放我出去，但英國人卻準備殺死我。』」確實，1987年蘇聯新領導人戈巴契夫上臺之後，承諾赫斯即將迎來自由的人生。

　　報導稱，即使赫斯已患有軟骨病，手無縛雞之力，甚至連扣衣扣、繫鞋帶都要別人幫忙。根本不可能將自己吊死。這樣的人怎樣怎麼可能拉斷一根粗長的電纜，再把它打結，把它套到自己的脖子裡去呢？

　　慕尼克法醫學院的病理學教授沃爾夫岡-史

潘曾說：「如果死者是上吊死亡的，那麼繩子在
拉緊之後，脖子上的勒痕的方向一定是朝上的，
但我們發現死者脖子上的勒痕卻呈平行狀。我敢
打賭，死者決不是因自殺而死亡。」

　　赫斯是死了，然而他留下的謎團卻一直沒有
答案。

希特勒血洗衝鋒隊之謎

當利益的天平發生傾斜時，希特勒會做出什麼決定呢？

　　1963年6月30日凌晨，法西斯魔王希特勒在戈培爾及大批隨行陪同下，乘一長列汽車由慕尼克抵達維西，進行了一場駭人聽聞的大屠殺。一天之內，包括參謀長羅姆在內的數百名衝鋒隊要人幹將慘遭殺戮，隨後又宣佈解散衝鋒隊，這就是震驚世界的血洗衝鋒隊事件。殺人狂草菅無辜原不足怪，然而希特勒這次竟然對他的患難老友開刀，並解散為其上臺立下汗馬功勞的衝鋒隊，這就要使人發問：希特勒為什麼要這樣做呢？

　　1、衝鋒隊自己惹火燒身

　　衝鋒隊的成員主要是退役軍人、破產者、失業者和獲釋罪犯。這些社會下層寄希望於納粹掌

權後給他們帶來好處，但希特勒政權完全代表資
產階級的利益，並未滿足他們的要求。所以，衝
鋒隊裡有一種抱怨希特勒「背叛了他們」的情
緒。

羅姆便利用這種情緒叫囂所謂「二次革
命」，其用意只是向希特勒施加壓力，為衝鋒隊
爭取某種利益。但衝鋒隊的這種鼓噪，以及他們
肆意捕人、迫害猶太人、攻擊教會等暴行既使德
國資產階級感到恐懼，也為納粹政權招惹了許多
麻煩和攻擊。所以，希特勒便以衝鋒隊陰謀「二
次革命」為口實，順水推舟將取悅資產階級和除
掉惹是生非的衝鋒隊這兩個目的在政治清洗中
「畢其功於一役」。

2、希特勒與羅姆的矛盾激化

羅姆是希特勒較早的政治夥伴，曾一起搞過
政治陰謀，事情敗露後又同蹲一個監獄，可說是
患難之交。但同時兩人又有分歧。羅姆是衝鋒隊
的實際創始人，而希特勒起初並未讓他領導衝鋒

隊。1925年衝鋒隊重建時，羅姆主張衝鋒隊獨立，反對參與黨務者插手，企圖把衝鋒隊建成變相的軍隊。而希特勒僅僅把它看成是一種政治輿論工具，為納粹上臺提供必要的暴力和恐怖，無意把它建成一支常備武裝力量。因此兩人只好暫告分手。

1929年希特勒重新啟用羅姆，委以參謀長之職，讓他領導衝鋒隊。羅姆掌權後仍然按其原先設想大力擴充衝鋒隊，積極推進軍事化，力圖將來取代國防軍。希特勒上臺後，羅姆不僅加緊發展衝鋒隊，而且叫囂進行「二次革命」，建立真正的「民族社會主義」國家。這就使納粹政權難以容忍，希特勒便考慮解決衝鋒隊的問題。正因為二人是生死之交，所以希特勒在最後解決之前曾和羅姆進行了長達五小時的密談，以圖達成諒解；而且在血洗之時，希特勒還吩咐手下把一支手槍留在羅姆的桌上。

3、希姆萊借刀殺人

　　成立於1925年的黨衛隊(黑衫黨)最初是衝鋒隊的下屬組織,在衝鋒隊膨脹的同時,作為希特勒鐵杆衛隊的黨衛隊亦迅速發展壯大。這兩支政治力量在爭權取寵的競爭中難免發生矛盾衝突,尤其自1929年希姆萊出任黨衛隊全國領袖後,雙方的矛盾日趨激化。

　　1930年,黨衛隊基本從衝鋒隊獨立出來,其組織機構日益完善。加上黨衛隊紀律嚴明,組織性極強,又受希特勒偏愛,儘管只有幾萬隊員,但仍形成為衝鋒隊的強大對手。正當希特勒在解決衝鋒隊問題上猶豫不決之際,是希姆萊促成希特勒相信「羅姆要發動政變」,從而最後採取了過激措施。黨衛隊在血洗過程中亦充當了劊子手的角色。

　　4、權力制衡的犧牲品

　　一戰後德國軍隊受到限制。陸軍方面在衝鋒隊成立之初出於重新武裝德國的目的,對衝鋒隊採取了扶持態度,把它看成後備軍。但隨著羅姆

取代國防軍的企圖日漸暴露，軍界感到其特權受到了威脅。特別是到1934年初羅姆表現出要作武裝力量總指揮的野心，人數已達三百多萬的衝鋒隊又要求承擔東部邊防任務，軍官團便不能容忍了。

國防部長勃洛姆堡強烈要求希特勒限制衝鋒隊，將其排斥於武裝部隊之外，只承認國防軍為「唯一的武器持有者」。希特勒在決定二者取捨的考慮中，按理說應偏袒他的發跡資本衝鋒隊，但這樣做有兩大難題不好處理。一則保留龐大的衝鋒隊使他難以對歐洲各國作出恰當解釋，使其外交陷於難堪境地；二則得罪了國防軍就難以達到繼承命在旦夕的興登堡總統職位的野心。所以，希特勒權衡再三，最後決定犧牲衝鋒隊，順從國防軍。事實上，希特勒在血洗衝鋒隊之前，已得到了軍界支持他繼任總統的承諾。

這樣，同年8月2日興登堡死後，希特勒政府便宣佈總統的職務已與總理的職務合併為一，希

特勒順利的成為元首兼國家總理。國防軍隨即宣誓效忠於元首。

　　點點滴滴的答案都有其合理的解釋，然而究竟是什麼原因真正促成希特勒最後下決心的呢？至今仍然沒有答案。

晨星之子卡斯特的最後一擊

一場戰爭可以成就一名將軍，也可以毀滅一個將軍，無論是精神，還是肉體。

喬治‧阿姆斯壯‧卡斯特──晨星之子，是美國歷史上的傳奇人物。這位在南北戰爭中受到林肯青睞的驍勇善戰的年輕將軍，被派到西部去鎮壓印第安人，卻在小比格奧戰役中全軍覆沒，慘死在印第安人手中。

1874年，在達科達州的黑山地區發現了金礦。消息迅速傳開，湧入達科達州的淘金客快速增加。

然而黑山地區對許多部落來說是不可侵犯的聖山，在1868年美國政府和蘇族及夏安族所訂定的協議當中明訂「白人不可在黑山地區定居或是占地，也不可以在未經印地安人許可之下擅

入」。印地安人則被要求不可反對在鄰近地區進行鐵路建設、也不可騷擾新移民。

但是利益高於一切，1876年1月美國政府決定無視1868年的條約，下令印第安人搬進美國政府劃定的「印地安保留區」，否則就是美國的敵人。

但許多印地安人不但沒有聽從如此恫嚇，反而組織起來離開保留區，駐紮在黃石河谷，和當地新移民之間的衝突也屢屢發生。美國政府下令懲罰這些不遵守命令、又不肯去保留區的印地安人，決定從不同方向同時發動攻擊。

阿爾弗雷德·特里派遣卡斯特將軍和第七騎兵團往西南行，到山上去，而他自己的部隊則帶著大炮與步兵從側邊逼近。他的戰略是包圍印地安人，並且以全軍之力在小巨角河擊潰他們。

三天後，卡斯特將軍和他的騎兵團接近搭建在小巨角河河畔的巨大印地安營帳。沒有發現到、或是無視於印地安的軍力，有4000到5000名

印第安人，當中包括約2500位戰士，卡斯特將軍不理會特里叫他先按兵不動等待會合的命令，準備立刻發動攻擊。他把他所率領的騎兵團分成三路，兩路從側邊進攻，他自己則帶領211名騎兵從正面進攻。這是1876年的6月25日。在蒙大那州小比格霍恩河附近的山谷裡，他們遭到了印第安人的伏擊。面對綽號「瘋馬」的印第安酋長所率領的3500名印第安戰士的攻擊，卡斯特率領部下進行了浴血抵抗，然而不到三個小時內，他本人就和手下的所有人馬一起被斬盡殺絕、慘死在印第安人手中。

戰役之後，印地安人檢視這些屍體，將屍體身上的衣服剝光，並毀壞穿著軍裝的屍體，因為他們相信屍體遭受毀壞的亡魂將無法抵達幽冥世界，也就不用在死後還得跟敵人碰面。為了某些原因，他們把卡斯特將軍身上的衣服剝光，但讓他的屍體保留完整。最早期的美方說法是因為印地安人崇敬他的戰鬥精神。後來慢慢出現因為卡

斯特將軍當時沒有穿軍裝，所以讓印地安人以為
他不是兵士、以及因為卡斯特將軍在當時已經開
始頭髮稀疏，讓印地安人覺得這樣的頭顱不值得
當成戰利品等等說法，眾說紛紜。

在小巨角之役後，印地安人四散而去，他們
的確擊敗了卡斯特將軍，但是他們也瞭解到印地
安的時代已經過去，也知道他們無法再繼續抵抗
這些白人。美國政府方面以偉大的南北戰爭英雄
竟然在建國百周年時遭到殺害，必須剿滅紅番以
告慰這位英雄為名，數千人的騎兵部隊陸續被派
到這個區域作戰，在往後一年中，他們毫不留情
地追趕在此役後四散的印地安人，逼迫一位位的
酋長俯首稱臣。卡斯特的最後堡壘同時也是蘇族
人的最後堡壘。

珍珠港事件是美國苦肉計

戰爭讓任何人都有可能成為犧牲品，充當炮灰，因為一切以大局為重。

　　1941年12月6日晚，在美國白宮，美海軍部長諾克斯、海軍作戰部長斯塔克、陸軍部長史汀生、陸軍參謀長馬歇爾和商務部長霍普金斯少見地聚在一起，他們在等待。

　　12月7日，日本海軍特混艦隊長途奔襲，以艦載機偷襲了美軍太平洋艦隊基地珍珠港，美軍被擊沉和受重創戰列艦8艘、輕巡洋艦6艘、驅逐艦1艘，損毀飛機270架，傷亡3400餘人。次日，羅斯福總統在國會大廈發表慷慨激昂的演講和戰爭諮文，正式對日宣戰。

　　白宮歷史性的一幕是由當時在場的海軍部長諾克斯對其密友詹姆斯・斯泰爾曼透露的，這是

怎麼回事？難道說美國知道日本要偷襲珍珠港？

1935年，美國陸軍重新組建由密碼專家威廉·弗里德曼領導的監聽機關———信號情報處。它與隨後成立的海軍通信保密科被冠以「魔術」的代號。

至1941年，「魔術」已能截獲並破譯出絕大多數日本人用九七式打字機發出的「紫色密碼」外交電報。1941年底，他們破譯的秘密外交電報平均每週多達200頁。這其中包括許多有關珍珠港的情報：1941年9月24日，日本海軍透過外務省致電檀香山總領事館，要求瞭解美軍太平洋艦隊軍艦在珍珠港的停泊位置；11月15日，日本外務省要求駐檀香山總領事館每週至少報告兩次珍珠港美軍軍艦的動向；11月18日，日本駐檀香山總領事館向外務省彙報了美軍軍艦進珍珠港後航向變化角度和從港口到達停泊點的時間；11月28日，日本外務省要求檀香山總領事館銷毀密碼和密碼機；12月2日，日本駐檀香山總領事館用低

級密碼繼續報告美軍的一舉一動……

「魔術」將最重要的情報由特別信使及時遞交給總統、陸軍部和海軍部的部長、作戰部長、情報局長、國務卿等軍政首腦，而其它人極少能接觸到這些情報。但華盛頓並沒有將上述與珍珠港切相關的情報通知太平洋艦隊司令金梅爾海軍上將和夏威夷基地司令肖特陸軍中將。

金梅爾將軍後來在接受調查時直言不諱：「海軍部扣下了珍珠港將可能遭受襲擊的有關情報，太平洋艦隊被剝奪了一次戰鬥機會，導致1941年12月7日的災難性局面。」

對於這種反常的行為，斯塔克解釋道：「我不希望通知金梅爾司令，因為這樣會洩密。」

他怕洩露的究竟是日本人的秘密還是華盛頓的秘密？

即使美國高層害怕洩密，也應該在大戰即將來臨之際想盡辦法加強珍珠港太平洋艦隊的實力。事實上在1941年初，太平洋艦隊包括1艘航

空母艦、3艘戰列艦、4艘巡洋艦、17艘驅逐艦
在內1/4的作戰力量被調撥給了大西洋艦隊。此
外，海軍部還把艦隊中素質最好的指揮官和水兵
也成批調往大西洋艦隊。為此，金梅爾曾多次向
海軍作戰部長斯塔克陳述加強太平洋艦隊實力的
重要性。他在1941年9月12日寫給斯塔克的信中
言語懇切的說：「一支強大的太平洋艦隊，無疑
是對日本的威懾，而弱小的艦隊也許會引來日本
人……在我們能夠保持足夠對付日本艦隊的兵力
之前，我們在太平洋是不安全的。」但海軍部卻
絲毫不理會金梅爾的呼籲。更奇怪的是，當日
本飛機對珍珠港狂轟濫炸時，太平洋艦隊的主
力──3艘航空母艦恰巧全部外出「薩拉托加」
號停在聖達戈檢修，「列克星敦」號正在行駛
途中，「企業」號在珍珠港以西200海浬的歸途
中），它們因此逃過劫難。

1995年9月5日，當時的美國總統柯林頓收到
一名名叫海倫·哈曼女士的來信。她在信中稱她

的父親史密斯曾向她講述過一些關於珍珠港事件的驚人內幕，在二戰時她父親任美軍後勤部副主管。她父親説，珍珠港事件爆發前不久，羅斯福總統緊急召開了一個由極少數軍官參加的秘密會議。總統在會議上透露了一個驚人的消息：美國高層已經預見到日本海軍將要偷襲珍珠港，可能造成大量人員傷亡和財產損失。他命令與會者儘快準備將一批醫務人員和急救物資集結到美國西海岸的一個港口，隨時待命啟運。羅斯福總統特別強調禁止將會議內容向外透露，包括珍珠港的軍事指揮官和紅十字會的官員。面對與會官員的驚訝與不解，羅斯福解釋説，只有當美國本土遭到攻擊時，猶豫不決的美國民眾才會同意他宣佈投入戰爭。這封信引起了很大轟動，但哈曼不是當事人，而她父親史密斯又已於1990年去世，人們無法從中得到更加詳盡和更有説服力的資料。

柯林頓收到信後不久，美國紅十字會夏威夷分會的工作人員在查閱該會1941年至1942年財政

年度報告的影印件和有關國家檔案時，意外發現美國紅十字會和美軍後勤醫療部隊在珍珠港事件前一兩個月曾進行過非常規的人員和儲備物資緊急調動。例如，在那段時間裡，夏威夷分會透過正常管道從國家紅十字會總部得到價值2.5萬美元的醫療急救物品，同時，還透過秘密管道接收到價值5萬美元的藥品和物資。

這批額外補給，在偷襲珍珠港事件後的急救工作中發揮了重要作用。1941年11月的美國紅十字會總部的月度報告也顯示，那個月夏威夷分會共接收了2534名醫護人員，其中1505名是被秘密調去的臨時人員。有關人員還從夏威夷紅十字分會會長阿爾弗雷德·卡瑟爾的弟弟威廉·卡瑟爾的日記中發現：12月6日，夏威夷分會的全體人員奉命戰備值班。

美國史專家查理斯·比爾德和著名作家約翰·托蘭等人分析認為：面對國內濃厚的孤立主義情緒，具有遠見卓識的羅斯福總統和他的高級

幕僚們為了使美國在納粹德國和日本法西斯全面征服歐亞大陸之前投入戰爭，上演了這出「苦肉計」。同時，為了減少損失，他又將3艘航空母艦調出了珍珠港，並透過秘密管道不露聲色地運去大批醫護人員和急救物資。

但由於人們至今仍未找到最有力的直接證據，有關「苦肉計」之說至今仍然是一個未解之謎。

無頭官司糊塗案

南宋假冒皇侄案

當世上連人都可以假冒的時候，還有什麼不能假冒的。

南宋紹興八年（1138年）十二月，南宋與金國議和。朝廷下詔尋訪宗室，並命地方官將所訪宗室發遣至「行在」臨安（杭州）。不久，單州碭山發生一起假冒皇侄的案件。

北宋時，單州碭山縣有一個名叫朱從因的染匠，以染布為業，兼做販賣生意。一年，朱從因販運一批大棗，前往南京，在一個被人稱為劉婆的婦人家中，見一小兒，名叫劉僧遇，相貌可人。朱從因對劉婆說，自己很喜歡這孩子，願將他收做養子，並以所販大棗作為酬報。劉婆同意，朱從因將劉僧遇帶往碭山。

至南宋高宗時，碭山已被金軍佔領。一天，

有幾個金兵看見劉僧遇，感到驚奇，因為劉僧遇的相貌與多年前被掠往金國的欽宗皇帝的相貌十分相似。幾個金兵一再注目，並說：「此兒似趙家少帝。」

「少帝」即宋欽宗（宋高宗之兄），劉僧遇聽後，將金兵所言，記在心裡。

當時，劉僧遇白天幫朱從因做工，晚間閒暇時，便去戲園看皮影戲。戲園所演故事，大都取材於宋徽宗、宋欽宗兩朝宮廷舊事，劉僧遇將有關唱詞牢記在心裡。紹興十年，當劉僧遇得知朝廷下詔尋訪宗室的消息後，便聲稱自己是「少帝」宋欽宗的次子。

碭山知縣得知這一消息後，便差人查問此事。劉僧遇不僅一一回答有關問題，並道：「當年在翁翁（宋徽宗）懷中，見翁翁腋下有一黑痣，常以手撫玩。」

使差又問劉僧遇為何流落在民間？劉僧遇答：京城破守，少帝使近侍張金背負劉僧遇出

城。逃至夏邑，遇見劉統領。劉統領將張金殺死，後來，劉僧遇逃了出來，遂流落在民間，最後歸於染匠朱從因家。

之後，尋訪到劉統領。劉僧遇私下對劉統領說：我真是少帝次子，公所言，當與我一致。若有不同，我便將公累年過失告於朝廷。劉僧遇對劉統領多年的過失均是從戲園看戲時得知的。劉統領聽了劉僧遇的這番話，感到恐懼。雖然明知劉僧遇所言不實，但是，仍一如劉僧遇所言。至此，碭山知縣對於劉僧遇的真偽不再懷疑，便將此事稟報單州。單州知州桑夏卿派專人護送劉僧遇前往臨安。

到了泗州，司法參軍孫守信見到劉僧遇後，認為事情可疑，便將心裡所疑之處告訴了泗州知州王伯路。王伯路決定暫時讓「皇侄」住在公館，同時將此事上奏朝廷。若證實劉是真皇侄，再用船護送至臨安。

奏章上達後，朝廷以為此事非同小可，便命

有關官員調查。之後，得知一準確消息，即欽宗帝並無第二子。隨即，朝廷便派金牌付轉運使往泗州，與孫守信共同會審此案。

劉僧遇等人全部下獄。誰知，第二天城內一片傳言說：皇侄在獄後，夜間獄屋上有「火光赤氣」。更有一干百姓攜帶酒肉前來探視皇侄。

孫守信見人心惶惶，便告訴下官，不得嚴刑拷問，當以智推之。之後，追到劉婆作證，事情終於有了結果。

案後，奉旨將劉僧遇「決脊。杖二十。刺配瓊州牢城」。

劉僧遇被押解至來安縣時，竟在當地興國寺題了一首詩：「三千里地孤寒客，七八年前富貴家。滄海玉龍驚雪浪，櫂藏頭角混泥沙。」

此時的劉僧遇竟真的將自己當做一個「皇侄」了。

「梃擊案」始末

宮廷之中無父無子，無兄無弟，著實是一個充滿血腥的角鬥場。

　　明朝萬曆末期至天啟初年，發生了轟動朝野的三大案，分別為梃擊案、紅丸案、移宮案。這些案子都與皇帝後宮有關。萬曆帝於10歲時即位，到萬曆四十八年(西元1620年)去世，在位49年，是明朝歷史上在位時間最長的皇帝。就發生了「梃擊案」。

　　萬曆帝非常寵愛鄭貴妃，也十分寵愛鄭貴妃所生的兒子朱常洵。這本來都是小事，但皇帝的偏愛卻逐漸發展成為令朝廷上下不安的大問題，即所謂的「國本」之爭。因為按照傳統，冊立太子應遵循立長或立嫡的原則，而鄭貴妃之子不是長子，按道理是不能被立為太子的。

　　神宗沒有嫡子，而恭妃王氏所生長子朱常洛
又一直受冷遇。萬曆皇帝一直拖延著，遲遲不冊
立太子，他還表示要把三個兒子同日封王，以示
自己同等視之。由於大臣們的一再催促，萬曆
二十九年(西元1601年)十月，神宗才正式冊立朱
常洛為太子，朱常洵則被封為福王。萬曆四十三
年(西元1615年)五月，發生了梃擊案，梃擊的目
標直指太子。

　　明朝萬曆四十三年(西元1615年)五月四日，
有一個名叫張差的男子，手持棗木棍(即木梃)，
不由分說地闖入太子朱常洛居住的慈慶宮，逢人
便打，擊傷守門官員多人，一直打到殿前的房檐
下。被打中的人的呼喝聲、號救聲，連成一片。
多虧內官(宮中小臣)朝本用反應比較快，眼明手
快的將持棍男子抓獲，宮內才平靜下來。這時的
東宮警備不嚴，內廷的太監們往往託病離去，侍
衛人員也只有幾個，所以就發生了張差梃擊事
件，也就是「梃擊之案」。

張差被捆縛到東華門守衛處，收禁起來。次日，皇太子據實報給神宗，神宗命法司(掌司法刑獄的官衙門)提審問罪。巡視皇城御史劉廷元按律當場審訊。可是，張差沒說上幾句話，就開始顛三倒四，像一個瘋子。御史再三誘供，但張差總是胡言亂語，什麼吃齋，什麼討封，問答了數小時，也沒有將實情供出，惹得審判官不耐煩，只好退堂，把他交給了刑部定論。

　　交到刑部後，由郎中胡士相等人重新提審，結果也是同前審一樣，毫無結果。刑部主事王之寀認為其中必有隱情，說張差肯定不瘋不狂，而是有心計有膽量。最後張差扛不住了，供認自己是紅封教的成員。在當時，秘密結社盛行。紅封教是北京附近地區白蓮教的一支，馬三道、李守才為教主，都住在薊州地方的井兒峪。張差招供說自己是受鄭貴妃宮中的太監龐保、劉成的指使而打入慈慶宮的，事成之後，他們答應給張差30畝地。參與此事的還有張差的姐夫孔道。消息傳開

後，朝野內外開始議論紛紛，都懷疑鄭貴妃想要謀殺太子，以便扶立福王。

事情發生後，太子和鄭貴妃先後趕來見明神宗。

太子常洛氣憤的説：「張差做的事，一定有人主使！」

鄭貴妃光著腳走來，對天發誓，然後撒起潑來，嘴裡嘮叨著説：「奴家若做此事，全家甘受千刀萬剮！」

神宗看到雙方如此對立，拍案而起，指著貴妃説：「群情激怒，朕也不便解脱，你自去求太子吧！」

朱常洛看到父親生氣，又聽出話中有音，只得將態度緩和，並説：「這件事只要張差一人承擔便可結案，請速令法律部門辦理，不能再株連其它人。」

神宗聽後，頓時眉開眼笑，頻頻點頭，説道：「還是太子説的對。」

於是，一場家務案，就這樣在明神宗的導演下降下了帷幕。

案子就這麼由頭無尾的結了。但是今天看來，這個案子中的諸多疑點表明，定然與鄭貴妃脫不了關係。從案卷的記錄來看，張差也許確實屬於類似瘋顛的人，但是，他不是完全的的瘋子，能夠在人的引誘和指使之下行事，鄭貴妃等人尋找這樣的人行事也許正是為了不惹起懷疑。但這只是後人的推測，事實的情況是否如此，沒有充足的證據，誰也不敢說的確就是如此，歷史的疑案就是如此，若即若離，充滿迷煙，但這也正是它的迷人之處。

江南鄉試舞弊奇案

科場舞弊，無一倖免。幸乎？災乎？

　　順治十四年九月，江南鄉試開榜，應試者都
抱著期待的心情去看榜，然而，不看還好，一看
榜單，馬上群情憤起，罵聲一片。這是怎麼回事
呢？

　　原來，榜單上多行賄者的名字。

　　落第的士子們群集在貢院門前，　喊抗議。
還有人貼了一付對子：「孔方主試付錢神（指考
官方猶和錢開宗），題義先分富與貧。」

　　這一年試題，取《論語》中「貧而無諂」為
題。並且有人將門上貢院兩個大字，貢字的中間
加了一個『四』字，則『貢』字改成了『賣』
字；『院』字用紙貼去『邑』旁，變成了『完』
字。這樣「貢院」就最後變成了「賣完」。正、

副主考方猶與錢開宗一看形勢不好，匆匆整理行裝登船離寧。聞訊趕到的考生緊追不捨，叫聲中，磚頭瓦片如蝗飛來。船至常州、蘇州時，又遭當地考生追擊咒。

此事傳至京城，順治帝批示「著嚴察逮訊」。就這樣，一起科場大案波然興起。

順治帝決定親自複試丁酉科江南舉人。複試之日，新科舉人心驚膽顫的進入紫禁城，肅立在太和殿的丹墀之下，堂上命二書一賦一詩，試官羅列偵視，堂下列武士，鋃鐺而外，黃銅之夾棍，腰市之刀，悉森布焉。每舉人一名，命護軍二員持刀夾兩旁，與試者悉惴惴其栗，幾不能下筆。考場如同刑場一般，森嚴可怕。

根據江南新科舉人的複試結果，順治帝對24名試卷欠佳的舉人罰停會試二科，仍准保留其舉人功名，對14名試子的試卷謬誤太多，革去他們的舉人。

在這場科場院案中，大名士吳兆騫交了白

卷，這一件事更為當時所轟動。吳兆騫為江南名
士，號漢槎，江蘇吳縣人。平日，他的文章「驚
才絕豔」，可說萬人傳誦，有口皆碑。而這次皇
帝親試，他卻交了白卷。於是眾意譁然，有人說
他是驚魂未定，所以提筆時腦中茫然，一片空
白，故此交了白卷。也有人說他恃才傲物，故意
賣弄。吳兆騫看到當時如同刑場一樣的景象，感
慨萬端，把筆一扔，說：「焉有吳兆騫而以一舉
人行賄的嗎？」此事觸怒了順治帝，在順治十五
年戊戌八月，被發配到甯古塔充軍。

　　南闈新科舉人經皇上複試後，試子們自以為
總算過了關，便各自回到江南老家。沒想到，事
過一年，到了順治十六年二月，忽有一道嚴諭頒
下，說對這些舉人要再次複試。各郡縣官員奉旨
後，便紛紛催促他們，立即上路赴京，再次接受
朝廷的複試。該科舉人聞命後，手足無措，當天
就倉促備裝，打點行李，北上應考。各家父母兄
弟無不揮淚而別，深怕倘有不測，而被發遣流

放，有去無回。因有上次赴京複試，應酬往來，各舉子已花費不小，現在各家又不得不拿出大把的銀子，四處活動，以致有的空了家底。閏三月二十八日，順治帝對這些舉人再次複試。舉人們參加完這第二次複試，個個提心吊膽。四月初九日，公佈複試結果，參加複試的98名舉人，前90名仍准作舉人，其中13人獲准參加會試，59人罰停會試一科，18人罰停會試二科，另外8人則革去舉人。丁酉南闈鄉試、一科舉人，竟經三次大試，且屢遭斥革，這在科舉史上實在是少見。

到順治十五年十一月，刑部大員經過審理，對江南鄉試作弊一案提出這樣的處理意見：正主考官方猶擬斬，副主考官錢開宗擬絞，同考官葉楚槐等擬遣尚陽堡，舉人方章鉞等俱革去舉人。順治帝看到這個審處意見，深為不滿，認為這樣處理太輕了，於是頒下一道嚴諭，對江南科場案御斷欽決。

上諭：主考官「方猶、錢開宗差出典試，經

朕面諭，務令簡拔真才，嚴絕弊竇。輒敢違朕面
諭，納賄作弊，大為可惡，如此背旨之人，若不
重加懲治，何以儆戒將來？方猶、錢開宗俱著即
正法，妻子家產籍沒入官。」，18名同考官「俱
著即處絞，妻子家產籍沒入官。已死盧鑄鼎，妻
子家產亦籍沒入官。」，7名犯有舞弊情節的試
子「俱著責40板，家產籍沒入官，父母兄弟妻子
並流徙甯古塔。」

這樣，主持江南鄉試的正副主考官方猶、錢
開宗被斬首，18名同考官被絞死，他們的家產都
全部沒收，妻子入官終身為奴，8名舉人各責40
大板，家產也全部沒收，父母兄弟妻子兒女也都
隨同流放甯古塔。

順治帝諭令吏部，對刑部辦案拖拉擬罪過輕
的大臣酌加處分。

吏部詳議後提出：這些人「讞獄疏忽，分別
革職，革前程並所加之級，仍罰俸。」順治帝於
十五年十二月二十五日發下諭旨：「圖海等本當

依議，姑從寬，免革職，著革去少保太子太保並所加之級，其無加級者，著降一級留任。」

　　丁酉科江南鄉試科場案，各考試官員從主考到同考，均遭重刑，無一倖免，並連累妻室，最後還追糾辦案大臣定罪過輕的責任。對科場案懲處如此嚴厲，在有清一代確是罕見的。

一本書引發的血案

口說無憑，白紙黑字，想抵賴，不可能。悠悠性命，懸於筆墨紙硯之間。

　　康熙的開明和寬容在清朝諸帝中真可謂絕無僅有，但是在他執政的後期，卻發生了株連三百餘人，震驚朝野的文字獄大案——戴名世《南山集》案。這究竟是怎麼回事呢？

　　戴名世於康熙四十四年（西元1705年），戴名世年已五十二歲，赴順天鄉試，中第五十七名舉人。第二年參加會試未中，複於康熙四十八年（西元1709年）再試，中會試第一名，殿試以一甲第二名進士及第（俗稱榜眼），授翰林院編修，在京供職，參與明史館的編纂工作。

　　康熙四十一年（西元1702年），戴名世的弟子尤雲鶚把自己抄錄的戴氏古文百餘篇刊刻行

世。由於戴氏居南山岡，遂命名為《南山集偶抄》，即著名的《南山集》。此書一經問世，即風行江南各省，其發行量之大，流傳之廣，在當時同類的私家著作中是罕見的。

時過兩年，即因行世已久的《南山集》中錄有南明桂王時史事，並多用南明三五年號，左都御史趙申喬以「狂妄不謹」的罪名彈劾戴名世，謂其「妄竊文名，恃才放蕩，前為諸生時，私刻文集，肆口游談，倒置是非，語多狂悖，逞一時之私見，為不經之亂道，……今名世身膺異教，叨列巍科，猶不追悔前非，焚書削板；似此狂誕之徒，豈容濫側清華？臣與名世，素無嫌怨，但法紀所關，何敢徇隱不言？……」

康熙皇帝命刑部審核此事。刑部官員從《南山集》的《與餘生書》中找到了「罪證」。《與餘生書》是戴名世寫給他的一個門人余湛的。余湛曾偶然同僧人犁支交談，說及南明桂王之事。犁支本是南明桂王宮中宦者，桂王被吳三桂所殺

後，他遂削髮為僧，皈依佛教。犁支是親自經歷
過南明朝之人，他所述之事應當比較可靠。戴名
世得知此消息後，忙趕至餘生處，但犁支已離
去，二人未能晤面。戴名世於是囑咐餘生把所聽
到的情況寫給他，並與方孝標所著《滇黔紀聞》
加以對照，考其異同，發現了一些可疑之處。於
是戴名世又寫信給餘生，詢問犁支下落，欲與其
「面談共事」。

　　這毫無疑問觸動了清統治者敏感的政治神
經。康熙龍顏大怒，刑部遂窮究猛治，以「大
逆」定獄，提出了株連九族的懲辦意見，擬將戴
名世凌遲處死，其「弟平世斬決，其祖、父、子
孫、兄弟、伯叔父兄弟之子，俱解部立斬，其母
女妻妾姊妹、子之妻妾、十五歲以下子孫、伯叔
父兄弟之子，給功臣為奴」。康熙五十二年（西
元1713年）二月又下詔「法外施仁」，把戴名世
凌遲改為斬首，其家人等皆加恩寬免。

　　與此事有瓜葛被株連者甚眾。為刻《南山

集》出資的尤雲鶚、刻《南山集・孑遺錄》的方正玉、為《南山集》作序的方苞等人以絞刑論處。後來康熙又出於收買人心的需要，將原定處死的近百人改為流徙黑龍江甯古塔，罰入漢軍旗籍。這時余湛已先死於獄中。後來康熙得知方苞擅長古文，是個難得的人才，遂又下令將其召回，赦免其罪，加以任用。又因《南山集》多採用方孝標《滇黔紀聞》中所載南明桂王明史事，遂牽連至方氏宗族，一併治罪。當時方孝標已經去世，亦因《滇黔紀聞》文字案被剖棺戮屍，妻兒等人被發配流放於黑龍江（後亦被寬免），財產盡沒入官。

《南山集》案牽連人數達三百人之多，是清前期較大的一樁文字獄案。而戴名世、方孝標的所有著作及書板被清查以燒毀，列為禁書。

兩淮特大鹽引案

貪污受賄，歷朝歷代屢禁不止。索賄不成，則撕
臉不認人。

「鹽引」，相當於今天大家熟悉的專營商品
的准許經營證。在古代，鹽是一種特殊的商品，
它只允許官營，絕不許私鹽的買賣，商人只有在
繳納鹽價和稅款，官府才會發給他們用以支領和
運銷食鹽的憑證，這就是「鹽引」。這一制度早
在宋代就已經確立了，明清時期一直沿用，其目
的就是為了以防止私鹽的氾濫。鹽引也是中央財
政收入的一個重要來源，所以歷代封建統治者也
就特別重視鹽政。

在乾隆南巡之時，兩淮鹽政以備置乾隆南巡
為由，每引私自提取白銀3兩，而這項名目早在
乾隆十一年就已經開始徵收了，二十餘年來，中

間經歷了多位鹽運使，累計銀兩數目已過千餘萬兩，而這筆巨額款項歷任鹽政從沒有奏報，都是私行支用，這一切在戶部的檔案中也從來就沒有見過造報派用文冊。這麼大數目的貪腐案件怎麼20多年來就沒有發現呢，而為什麼又偏偏在乾隆三十三年總爆發呢？

乾隆三十三年，尤拔世擔任兩淮鹽政，由於此前他早就深知揚州鹽商積弊叢生，於是就居奇索賄，索賄未遂，就將揚州鹽政的問題捅了出來。

他在上奏中先指出了他的前任普福：「上年普福奏請預提戊子綱引，仍令每引繳銀三兩，以備公用，共繳貯運庫銀二十七萬八千有奇。普福任內，所辦玉器古玩等項，共動支過銀八萬五千餘兩，其餘見存十九萬餘兩，請交內府查收！」

在接下來的清查中，爆發了一場大震盪。乾隆密令江蘇巡撫彰寶會同那位稟報的鹽運使尤拔世一起詳悉清查。

　　據彰寶等人的查複：「節年預行提引，商人
交納余息銀兩，共有一千九十餘萬兩，均未歸
公。前任鹽政高恒任內，查出收受傷人所繳銀至
十三萬之多；普福任內，收受丁亥綱銀私自開銷
者，八萬餘兩，其歷次代購物件，藉端開用者，
尚未逐一查出。」

　　於是乎，20餘年來的舊帳一起被翻出來，前
後數任鹽運使盧見曾、高恒、普福等都被牽扯出
來了。這1200萬兩除了有467萬兩是用於公務開
銷的，其它所有的「竟隱匿不報」。

　　要不是事情如此之轟動，影響如此之大，這
案子最終到底會如何處置也就很難說了。

　　高恒，字立齋，滿洲鑲黃旗人，大學士高斌
之子，乾隆慧賢皇貴妃高佳氏之兄長，也就是大
清國的國舅爺。所以他的任職都是一些位重祿厚
的肥缺，諸如：出監山海關、淮安、張家口榷
稅，用今天的話來說就是主管稅收；署長蘆鹽
政、兩淮鹽政。在兩淮鹽引案發後，據揚州鹽總

商供稱，鹽商們因為高恒特殊的身份，另累計送給高恒白銀135900兩。而當高恒因案坐罪後，孝賢純皇后的弟弟大學士傅恒居然還從容地向乾隆帝進言，乞求看在高恒的妹妹慧賢皇貴妃的面子恩貸其死。

最終乾隆還是下定了主意，要將高恒正法，便對傅恒說：「如皇后兄弟犯法，當奈何？」

在這樣的情景下，傅恒只能作罷，戰慄不敢言，以免得引火焚身。

傅恒為高恒求情的主要原因還不僅僅高恒是他的心腹，更為主要的恐怕還是在為皇親國戚們挽回顏面的同時，更可以透過這一次機會形成並造就以國戚之特殊身份可以豁免死罪這樣的判例，這絕對是一條隱秘的長線伏筆！不然的話何來乾隆那句非常敏感的責問：「如皇后兄弟犯法，當奈何？」

因為乾隆對傅恒這位國舅爺一直就很倚重，再加上他平日一貫勤廉謹慎，不藉貴戚功閥以自

重，所以即便「偶有小節疏失，即加以戒約」而
已。所以，乾隆皇帝對傅恒為「鹽引案」涉案者
求情一事也並沒有深究，隨著案子的了結，事情
也就這麼過去了。

　　然而在這場鹽引案中，被牽連進去的紀曉嵐
就沒有那麼幸運了。此時的紀曉嵐也可以說是乾
隆的寵臣之一，他正任職侍讀學士、南書房行
走，因為常在內廷奉直的緣故，消息也就非常靈
通，再加上在官場多年以來歷練所得的敏銳嗅
覺，當他得知自己的親家前任兩淮鹽運使盧見
曾與鹽引一案也脫不了干係，也被查出了虧帑
之事，正在廷議籍沒其家產。紀學士「微聞其
說」，便立即給這位親家通風報信，最後紀曉嵐
遂因洩漏抄家一事而被遣戍烏魯木齊。

兵部大印遭盜奇案

做官的什麼都可以丟，但是有一樣不能丟，如果丟了，後果不堪設想。

　　大印是官員的命根子，做官掉印，可是要殺頭的。可是在大明朝就出現這樣的事，而禍事也就來了。

　　乾隆後期，尤其和坤專權以後，可以說是「禮崩樂壞」。嘉慶即位後雖竭力整頓，無奈積重難返，不可挽救。

　　嘉慶二十五年(1820年)三月初八，嘉慶皇帝率領宗室王公、文武百官前往河北遵化的東陵(乾隆陵寢)。剛走到湯山行宮，就接到兵部奏報，說是貯於庫內的行在印信遺失，印鑰和鑰匙牌也一併無存。嘉慶聞聽又驚又氣，以前歷朝歷代哪裡聽說過部堂大印丟失的事？立即命令軍機

處傳諭步軍統領衙門，令其告知京師五城多派捕役，嚴密訪察。又諭令留京的王公大臣奉同刑部立即將兵部守庫人員拘捕審訊。

嘉慶感到十分奇怪。因為兵部大印與其它一些印信都貯藏在同一個大箱，存於兵部的大庫內。各印都是銅質，只有兵部行印和印鑰是銀制的，三月七日開箱取印，其它各印俱在，惟有銀印和銀牌失盜，竊賊為什麼只將這兩件東西竊去？再說，銀鑰匙、鑰匙牌也不值錢，為何一併竊取？所以嘉慶一路上就不斷督催該管大臣，一定要將此案審個水落石出。經連日審訊，供詞說是上年九月初三，皇帝行圍之後回京的當天，就已經將這枚印信和其它印信一道貯箱入庫了，直到今年三月初七那天又需用時，才發現大印遺失。嘉慶對這篇破綻百出的供詞並不相信，又派人把上年隨圍的有關人員一併提來審訊。

四月三日嘉慶謁陵之後還京，發現審訊仍無結果，非常惱怒，責斥有關官員。將莊親王綿

課、大學士曹振鏞、吏部尚書英和以及刑部堂官，一併罰俸半年，各衙門派來審理此案的官員，均罰俸一年，令綿課等人從此早去晚散，不可懈怠，若再拖拖拉拉，還要重罰。綿課無奈，遞折上奏，請求議處，其實他是想把這個燙手的山芋推給他人，自己脫身。嘉慶不准，把綿課的花翎先行拔去，還讓他加緊審訊，並以五月五日為限，到時再審不出來，定將他從嚴治罪。在如此嚴厲的督促之下，綿課等人日夜逼供，鮑幹方才承認，其實去年收印時並沒打開查看，恐怕是去年行圍的路上就遺失了。

審訊結果報到嘉慶處，嘉慶反復思忖，仍覺可疑：行印有正、備印匣兩份，只有正印匣有鑰匙和鑰匙牌，備印匣則無。如果行圍路上大印丟失，那麼鑰匙、鑰匙牌包括印匣必須是一併失去了，去年九月初三怎麼交的印？既然交了，必定是交的備用印匣，那麼既無鑰匙，又無鑰匙牌，負責收貯印信的鮑幹怎麼肯接收？於是下令再

審。直到四月二十四日，嘉慶才得知，去年八月二十八日，當他從承德秋圍之後回京，路過巴克什營時，看守印信的書吏睡熟，印信連同印匣被竊賊乘機竊走了。這位書吏害怕，便買通鮑幹，把備用匣冒混入庫，鮑幹又買通值班的書役，設置了行印在庫被竊的假現場。這場並不複雜的案子在審了一個半月之後，終於真相大白。

為了尋找偷印的竊賊，嘉慶又多次命軍機處督促直隸總督等大員，在古北口、巴克什營、密雲一線穿梭往來，明察暗訪，卻一無所獲。嘉慶也知此印估計是找不回來了，只得命人重鑄一個。至於原來的行印究竟被何人偷去，偷去何用，便再也無從得知了。

由於此案，管理部旗事務的年已86歲的大學士明亮，受到掀職降5級的處分，兵部尚書和左、右侍郎，也都被摘去頂戴，或降或調。

當時人對此有諸多揣測。宗室昭槤在《嘯亭雜錄》一書中曾記，他親耳聽主事何炳彝說，當

時收取印信時，正輪到何炳彝值班，是何炳彝與另一滿員親手把印匣接過來的。印信確實還在。昭褘還記得有人說，這顆印信，是某人賄賂鮑幹從庫中竊走的，目的是相約舉事，結果事尚未發，丟印之事就出來了。因為不知道這事牽連到哪個，大臣們怕嘉慶因此而興大獄，於是編造了印信在行賬中丟失的謊言以消弭事端。而嘉慶對審訊的結果是不是真信，只有問他自己了。

紫禁城失火奇案

月黑風高夜，殺人放火天。月朗星稀，放火，而
且是在紫禁城，膽子更大。

1923年6月27日晚，天上月朗星稀，地下燥
熱無風，北京城的許多人家都在外面打扇納涼。
九點多鐘，一道火光從紫禁城東北角沖天而起，
熊熊的火光映紅了夏日的夜空，這一場特大火災
從紫禁城東路靜怡軒開始燒起，延燒到延壽閣。
宏偉高大的延壽閣倒塌時，將正燃燒的椽梁架在
別的宮殿上，這樣一來，慧曜樓、吉雲樓、碧琳
館、妙蓮花池、積翠亭、廣生樓、凝輝樓、香雲
亭等頓時化為一片火海。宮中數百年的參天松
柏，也變成一棵棵火樹。

這場大火據說是義大利使館的消防隊發現並
首先趕到的。但大火發生時，內務府中堂紹英為

防意外，令紫禁城衛隊先不要開宮門，結果消防隊被阻在宮外，導致火勢蔓延。及至宮門打開，軍警和全城的消防隊趕到，又因宮中無水而一時無用武之地。後來將所有的水龍接在一起，取紫禁城外禦河之水撲救，一根水龍面對一片火海亦是杯水車薪。義大利消防隊指揮大家拆除房屋、隔斷火道，直到次日早上才將這場大火撲滅。

這次大火共燒毀房屋三四百間。這些樓閣建築都非常宏偉壯麗，裡邊存放的奇珍異寶堆積成山，是清宮存放珍寶最多的地方。燒毀的珍品主要有：敬慎齋所藏明景泰年間刻製的大藏經版數千塊，廣生樓所藏全部大藏經，古雲樓、凝輝樓所藏鑽石頂金亭四座、金佛及金質法器數千件，中正殿所藏大金塔一座、全藏真經一部。此外，還有清代九個皇帝的畫像和行樂圖，歷代名人字畫、古銅、古瓷，以及溥儀結婚時所收的全部禮品。

事後清理火場，僅將熔入土中的金水重新熔

化而成的純金即達三四百斤之多。這場特大火災
造成的損失沒有具體統計，但無疑是極為慘重
的。火災以後，溥儀下令追查責任。然而對於這
場特大火災的起因，眾説不一。

一種説法是宮內太監監守自盜。溥儀退位以
後，經常與溥傑等人將宮中珍玩偷盜出宮，太妃
們也常將珍貴物品交心腹太監運出變賣。「上有
所好，下必甚焉」，內務府官員與太監勾結，偷
盜之風愈來愈嚴重。僅1922年至1923年6月火災
前，已經查實的被盜物品就有重達百餘斤的金鐘
兩個，古銅器、金器、玉器數十件。北京當時的
古玩鋪，經常發現宮內的古物。大火以後，建福
宮首領黃進祿供述了太監多次偷盜古物的內情。

那段時間，溥儀無所事事，經常與莊士敦在
一起，叫太監們將宮內收藏的古玩一一取來欣
賞。有幾次，溥儀所要的古玩竟然取不出來，監
守自盜的太監們眼看紙包不住火，罪行馬上就要
暴露，於是縱火滅跡。

據參加宮中滅火的消防隊說，他們初到宮中時，曾聞到一股濃烈的煤油味。溥儀聞訊後，認定太監監守自盜，縱火滅跡，下令拘捕了幾名太監，但是誰也不承認自己是縱火犯，因查無實據，只得不了了之。

這場大火以後未久，養心殿東暖閣又著火，幸被及時撲滅。溥儀認為，太監不僅監守自盜，還圖謀報復，要將他活活燒死，於是下令將太監驅逐出紫禁城。驅逐太監與火災僅隔20天，太監一走，火災的起因更無法查清了。

一種說法是電線走火。當時紫禁城裡造了一座小型發電廠，專供宮內照明之用。因電線品質差及鋪設使用不得法，宮內已不止一次發生電線漏電走火的事，但未釀成火災。此次大火燒毀的東路樓閣，全部鋪設有電線。起火的晚上，東路樓閣有7個太監值守，彼此證明未縱火。也未見有其它人縱火。9點多鐘，火從靜怡軒起。

一種說法是瀆職失火。紫禁城當時雖已採用

電燈照明，但因紫禁城面積大，房間多，發電廠功率小，尚不可能全部採用電燈照明。許多地方仍採用舊法，用鐵油燈掛在柱上照明。日久天長，木柱烤焦，便易引發火災，還有太監晚間行路，以燈照明，也是火災的隱患。清代僅道光以後就發生失火案數起：道光十六年(1836年)，太監韓進鈺失火延燒西佛堂；道光二十五年(1845年)，太監馬庭貴失火延燒延禧宮；咸豐八年(1858年)，太監禹得馨失火延燒延輝閣；同治八年(1869年)，匠役城鈺失火延燒武英殿；光緒十四年(1888年)，護軍富山失火延燒貞度門。

紫禁城這場特大火災，失火於何處？誰是肇事者？沒有人能說得清。

《蘇報》案

法庭上，一邊是「普天之下，莫非王土」清王朝，一邊是手無寸鐵的文弱書生，誰將贏得最終的訴訟？

「蘇報案」是晚清中國影響最大的一次文字獄，在這次事件中，「國中之國」的上海租界七次公開審理，結果是鄒容奉獻了年輕的生命，章太炎付出了三年牢獄的代價，陳范為此流離失所、家庭破碎，在上世紀初天幕上放射過光芒的《蘇報》像星星般隕落。「蘇報案」的真相究竟是怎樣的呢？

1896年6月，《蘇報》在上海公共租界創刊之初，只是一份格調低下的小報，常以黃色新聞招徠讀者。創辦者胡璋以日籍妻子生駒悅名義註冊，掛的是「日商」牌子。1898年冬天，因「營

業不利」，胡璋將《蘇報》轉手賣給了罷官後蟄居上海、「思以清議救天下」的陳范。陳范初掌《蘇報》，以汪文溥為主筆，陳范有過宦海經歷，深味官場黑暗，目睹朝廷的專制、腐敗，戊戌變法的失敗。曾領時代潮流的康有為從維新轉向保皇。

他對汪文溥說：「中國在勢當改革，而康君所持非也，君蓋偕我以文字餉國人，俾無再如迷途。」

《蘇報》言論從此逐漸轉向革命。正式聘請愛國學社學生章士釗任《蘇報》館主筆後，《蘇報》迅速向輝煌的頂峰攀升。

1903年，章士釗以「愛讀革命軍者」的筆名發表《讀〈革命軍〉》文，以熱情洋溢的語言對少年鄒容的《革命軍》大加讚賞，稱之為「今日國民教育之第一教科書」。同一天，在「新書介紹」欄刊出《革命軍》出版的廣告，稱「筆極犀利，語極沉痛，稍有種族思想者讀之，當無不

拔劍起舞，髮衝眉豎」。又發表章太炎署名的
《〈革命軍〉序》，稱之為「雷霆之聲」、「義
師先聲」。

6月20日，推薦章太炎的《駁康有為論革命
書》，譽為「警鐘棒喝」。22日，發表論說《殺
人主義》，有「殺盡胡兒才罷手」、「借君頸
血，購我文明，不斬樓蘭死不休，壯哉殺人！」
這樣激進的辭句。《蘇報》之所以如此放言無
忌，一個不能忽略的原因是：《蘇報》的言論態
度得到了租界工部局總辦、也是倫敦《泰晤士
報》駐滬通訊員濮蘭德等的支持。

工部局多次找《蘇報》撰稿人談話：「你們
止是讀書與批評，沒有軍火麼？如其沒有，官要
捕你們，我們保護你們。」

吳稚暉的回憶也證實，租界老巡捕房捕頭藍
博森曾對他說：「沒有兵器，你們說話好了，我
們能保護你們。」

正是有了租界當局的承諾，他們才放言革

命。

6月29日，經過多次密謀，在清王朝的要求下，租界工部局終於發出對錢允生、陳吉甫、陳叔疇、章太炎、鄒容、龍積之、陳范等七人的拘票。當天，巡捕、警探到蘇報館抓人，陳吉甫率先被捕。

他們問：「陳范在嗎？」

陳范正好在場，卻叫人說不在，他們也未深究。

陳范曾讓兒子到愛國學社向章太炎示警，章說：「諸教員方整理學社未竟，不能去，坐待捕耳。」

有人勸他走避，他「嗤之以鼻」。

6月30日，等到巡捕來時，他自指其鼻：「余皆沒有，章炳麟是我。」

他不僅自己不屑逃走，還在巡捕房寫信叫鄒容、龍積之投案。龍積之當晚自行到案。

鄒容本已藏匿在虹口一個外國傳教士處，

7月1日徒步到租界四馬路巡捕房投案，自稱：「我鄒容。」

至此，除陳范外，名列拘票的其餘五人全部被捕，釀成了名動百年史的「蘇報案」。

從章太炎、鄒容被捕之日起，清王朝就為引渡他們而與租界展開了一場馬拉松式的艱難交涉，台前幕後，數不清的算計。上海、南京、武漢、北京之間，要員、坐探（如志贊希、趙竹君）、密友（如《新聞報》的福開森）之間文電交馳，僅收入故宮檔案的往來電文就有近一百九十封。可以說，清廷為此絞盡了腦汁，用盡了手段，目的無非是要將他們置之死地。

「蘇報案」發生後，租界當局認為：「此租界事，當於租界決之，為保障租界內居民之生命自由起見，決不可不維持吾外人之治外法權。」

因為他們的堅持，先是清廷的引渡計畫失敗，最後也未能按自己的如意算盤處置章、鄒，對一個從不把自己的人民放在眼裡的王朝來說，

無疑大大地失了顏面。

孫中山後來這樣評論：「此案涉及清帝個人，為朝廷與人民聚訟之始，清朝以來所未有也。清廷雖訟勝，而章、鄒不過僅得囚禁兩年而已。於是民氣為之大壯。」

那些聾人聽聞的

離奇巧合
事件簿

2

外人
奇之
中
名
離
死

雍正皇帝暴斃之謎

雍正皇帝繼位離奇，駕崩更是疑雲重重。

雍正十三年（1735年）八月二十三日，雍正皇帝在圓明園猝然去世。雍正皇帝死的十分的突然，無論是他的皇后皇子，還是身邊最得寵的大臣都沒有絲毫心理上的準備。據雍正朝大學士張廷玉的《自訂年譜》中記載，張廷玉在雍正帝死之前不久，還曾「每日進見」，雍正駕崩那天，張廷玉被被急召進宮，得知雍正皇帝已瀕彌留，這個消息使他「驚駭欲絕」。或許正因為如此，才給歷史流下了種種難解的疑團。

1、患病而死

據雍正《起居注》記載：雍正帝在八月二十一日的時候，感覺身體有點不適，但仍可以，召見臣工。到了二十二日的時候，雍正沒有

再召見臣工，皇子寶親王、和親王終日守在身旁，以防不測。到了戌時雍正皇帝的病情突然加重，宮中傳出急詔召諸王、內大臣及大學士覲見。

結果到了二十三日子時，雍正帝就龍馭上賓了。但是官書正史上並未言明雍正到底是患了什麼疾病，而且官書實錄，起居注等文獻對雍正生病期間的狀況也稀有記載。以至於時人後人都對雍正的死因枉加猜測，眾說紛紜。雍正帝駕崩之後，他的靈柩在清宮只停放了19天就被移厝到雍和宮永佑殿。為什麼他的靈柩會這麼著急從皇宮中移到寺廟裡來，難道雍正的死真的有什麼不正常的地方嗎？

2、被呂四娘刺殺而死

這是民間最為流行的觀點，在《滿清外史》、《清宮遺聞》、《清宮十三朝》等野史中也有記載。

傳說呂四娘是呂留良的女兒，也有說是呂留

良的孫女。當年，呂留良因文字獄被死後戮屍，呂氏一門，或被處死，或被遣戍。但呂四娘攜母及一僕逃出，隱姓埋名，潛藏民間。後來，呂四娘拜師習武，勤學苦練，尤長劍術，技藝高超。而呂四娘的師傅，據說原是雍正皇帝手下的劍客大俠甘鳳池，後來大俠甘鳳池因為不滿意雍正皇帝的作為而離開了雍正皇帝，又收養了呂四娘為徒。再後來，呂四娘喬裝改扮，混入深宮，一日，乘機砍掉雍正的腦袋。宮中大驚，謊稱雍正病重，急召諸位王爺大臣們入宮，並封鎖了雍正被殺的消息，只說雍正是突然得病去世了。還有傳言說，雍正的棺木中收斂的是一個無頭屍體，因為沒有真的頭，就給他做了一個金頭。

這個民間傳說，可信度有多少？有學者認為這種行刺之說純屬謠言。因為呂案發生後，他的家人都處於嚴密的控制之下，根本不可能有人漏網。此外，圓明園在皇帝在的時候，防守極為森嚴，呂四娘根本不可能穿過晝夜的巡邏的衛兵，

輕易地就進入寢宮，刺殺皇帝。

3、服丹藥中毒而死

雍正皇帝登極之前就相信武夷山道士的算命，為了求得長生不老，在宮裡蓄養了大批的和尚、道士，經常的服用道士們進獻的丹藥，在朝鮮的史籍中就有關於雍正帝沉迷方術，以至於病入膏肓，自腰以下不能動的記載。

另外，雍正皇帝死後僅隔了一天，乾隆皇帝就突然下了一道諭旨，驅逐圓明園中煉丹的道士們出宮。

並對煉丹道士張太虛、王定乾等人說：「若伊等因內廷行走數年，捏稱在大行皇帝（指雍正）御前一言一字……一經訪聞，定嚴行拿究，立即正法。」

新君剛剛繼位，雍正大喪未完，朝中有眾多事務需要處理。乾隆別的事情不去做，而急著下令驅逐數名道士，這種做法確有奇怪之處。驅逐道士的同時，乾隆還另外降下一道諭旨諭令宮中

的太監、宮女，不許妄行傳說國事，「恐皇太后聞之心煩」，「凡外間閒話，無故向內廷傳說者，即為背法之人」，「定行正法」。乾隆帝為什麼不許宮中太監宮女們亂說，難道此間真的有什麼不想為外人知道得隱情。聯繫前面乾隆對和尚道士們的處理，也許「中毒身亡」之說確實有幾分可能。

雍正的死因為後人留下了懸疑。也許根本就沒有什麼懸疑之處，只是後人的種種傳言才給他披上上了層層的神秘面紗，變得撲朔迷離，讓人難以看清其中的真相罷了。

李蓮英身首異處之謎

為一朝榮華，自閹而進宮。死後身首異處，終生
一個土饅頭。

　　李蓮英可以說是「有清以來太監中官品最
高、權威最大、財富最多、任職時間最長的權
監。」1966年的時候，李蓮英的墳墓被打開，在
他的墳墓中發現了大量的珍寶，不過令人吃驚的
是，他的棺材裡除一顆頭顱和一條長辮子外，沒
有屍身。這是怎麼回事，李蓮英是怎麼死的呢？

　　根據李蓮英的墓誌銘記載，他生於道光
二十八年(西元1848年)，「年九歲入內廷充役
使。」清宮檔案的記載也證明，李蓮英是於「咸
豐七年十月十一日由鄭親王端華府送進皇宮當太
監的，但年齡是13歲。也許李蓮英在淨了身之
後，沒有直接到皇宮當差，而是在王府當了幾年

的差，才被鄭親王送進皇宮的。進宮後，他為人乖巧圓滑，左右逢源，他工於心計，知道如何討主子的歡心。很快便受到了慈禧太后的賞識，為慈禧太后面前的大紅人。

李蓮英在慈禧面前做了四十幾年的權監，真可謂是宮中少有的不倒翁。在這四十年中，李蓮英藉著得勢的機會，收斂的大量的錢財。關於李蓮英到底積聚了多少錢財，歷史上並沒有確切的記載。不過據說他曾經一次就收受過袁世凱二十萬兩白銀的賄賂。還有人說李蓮英在光緒末年，僅僅存放在京城各銀號中的白銀就有壹千六百多萬兩。同時李蓮英還收斂了大量的地產和無數的玉器珠寶。李蓮英到底積聚了多少錢財，具體的數目今天恐怕已經難以知曉，不過從當時的記載來看，李蓮英手中的錢財絕對是一個大數目。

光緒三十四年十月二十二，慈禧死後，李蓮英辦理完慈禧的喪事，便悄然消失了。對於他的下落至今仍然是一個謎。有人說他在慈禧太后死

後，便向隆裕太后請求告老，回到慈禧生前賜給
他的南花園過起了低調的生活。他沒有大興土
木，也沒有過於招搖。只是悄悄的過繼了幾個侄
子為自己的兒子，自己則整天像個花匠似的侍弄
花草。直到三年後得痢疾而死。其間，甚至沒有
人知道他就是曾經在慈禧太后面前呼風喚雨的大
太監李蓮英。

也有人說，李蓮英是被隆裕太后處死的，他
死後隆裕太后還把他的巨額財產充了公。還有人
說李蓮英一生大量受賄於朝廷內外官員，在慈禧
面前呼風喚雨得罪了不少的人。再加上手中的巨
額財產也實在是為眾多的貪財之徒側目以待，想
奪為己有。於是，李蓮英在離開皇宮後不久就被
人給暗殺了。甚至還有人說，李蓮英是在山東和
河北交界處被大盜給劫殺的，李蓮英被大盜一刀
給砍死了。

據《清稗類鈔》宦官類記載和李家的後人回
憶：李蓮英並不是死於非命，而是得病而死。記

155

載中稱：孝欽殂後，不意又為隆裕後所庇……殆其病卒，隆裕後特賞銀兩千兩。李蓮英的墓誌銘中也說李蓮英「退居之時，年已衰老，公殞於宣統三年二月初四日」。但李蓮英到底是不是善終的呢？

從李蓮英墓裡的情況來看，李蓮英似乎真的是被人殺了個身首異處而死的。不過也有人說，有些太監的墓裡面都是只有一個頭，這是因為那個時代的人都很迷信，以為自己的殘缺之身，是有辱祖宗容顏的事情。死後也沒臉去見自己的列祖列宗，於是死後只葬自己的頭顱，而將身體捨棄。李蓮英死後是不是也是這種情況呢？

黛安娜王妃死因之謎

媒體的記者雖然沒有利刃，卻往往在無意中殺人。

　　1997年，世人矚目的黛安娜王妃於巴黎死於車禍，這使英法兩國大為震驚。整個世界都為黛安娜的早逝歎惋。三藩市舉行了萬人燭光遊行；湯加人用傳統的守靈方式懷念她；巴黎人在出事地點放滿了鮮花和悼辭，經過這裡的車都要放慢速度以表示哀悼；澳大利亞的土著孩子舉著橫幅悼念王妃，上面寫著：「你溫暖了我們的心靈」。

　　聯合國秘書長安南在獲悉這一噩耗後發表聲明，表示：「黛安娜的死使世界的貧困者和老弱病殘者失去了一個重要的人道主義的聲音。」

　　然而究竟是誰製造了黛安娜的死亡事件呢？

黛安娜出生於英國一個貴族家庭，她的父親曾任英王喬治六世及伊莉莎白二世女王的侍從官，母親擔任過王太后的女侍從。1981年7月29日，黛安娜與查理斯在倫敦聖保羅大教堂舉行了舉世矚目的盛大婚禮。婚後一年多，黛安娜生下了威廉王子，1984年又生下了哈里王子。

　　婚後的黛安娜生活並不如意，王室的繁文縟節與她自然活潑的性格格格不入，查理斯對她在公共場合每每風采奪人也心有不悅。1986年查理斯恢復了他和老情人卡蜜拉的關係，使黛安娜受到極大屈辱。1996年7月12日查理斯和黛安娜達成離婚協定，結束了15年的婚姻。

　　後來，多迪‧法耶茲出現在黛安娜的生活中，二人一見鍾情，很快墜入愛河。1997年8月31日，黛安娜與法耶茲在結束地中海之旅後返回巴黎，並在麗斯酒店共進晚餐，隨後二人一同乘車前往法耶茲在巴黎第16區的豪華住宅。為躲避記者追蹤，飯店派保羅為他們開車。保羅把時速

提到160公里。在阿爾馬橋下隧道前面發生了意外事故。司機保羅和多迪當場斃命,黛安娜在後座,也身受重傷。記者們追蹤而至,但是他們沒有對傷者進行搶救而是圍在汽車殘骸周圍,舉起相機從各個角度拼命拍照。儘管黛安娜後來被火速送往醫院救治,但是,終因心肺受重傷不治而亡。保鏢重傷後倖存。

由於黛安娜王妃的身份與經歷,她的身亡也成了一個謎團。

1、性命之憂是真是假?

有消息說,在車禍發生前10個月,黛安娜王妃曾經給管家保羅‧伯勒爾寫了一封信,稱有一個人要暗害她,並會策劃一場車禍,令她喪命,英國《每日鏡報》在2003年10月公佈了這封信,但刻意抹掉了文中的關鍵字眼——黛妃預感到的兇手名字。

2004年1月6日,《每日鏡報》首次公佈了信件全文,這名兇手不是別人,正是查理斯。但

是，這一「性命之憂」的真實性沒有得到最終證實。

2、黛妃死前是否懷孕？

早在黛妃去世後不久，老法耶茲就曾經向外界透露過黛妃死時已懷孕的消息。2003年12月21日，一位參與黛妃案調查的法國高級警官向英國《獨立報》證實了老法耶茲的說法，黛妃是帶孕而亡的。但2004年年初，英國前皇家驗屍官約翰·伯頓公開闢謠稱，黛妃死時根本沒有懷孕。

3、臨時換車到底為何？

2005年3月，根據《資訊自由法》，英國政府解密了一批檔案，其中顯示，黛妃1997年8月31日出車禍時所乘的車是在最後一刻臨時更換的，而這樣做可能是因為此前選好的車無法啟動，也可能是為了躲避「狗仔隊」的追蹤。臨時換車後，黛安娜一行進入了阿爾馬隧道，結果遭遇車禍。

4、司機扮演什麼角色？

多迪的父親老法耶茲多年來一直咬定，黛妃命案是祕密警察製造的，而當晚駕車的司機亨利‧保羅就是英國軍情六處的祕密警察。

老法耶茲提出，案發當晚，許多人都見過保羅，認為他很清醒，並沒過量飲酒；法國警方還曾進行過個人財務狀況調查，而保羅一人竟有13個銀行戶頭，名下存款不下100萬法郎，老法耶茲認為保羅肯定還有「兼職」。

2006年2月底，法國首度承認司機保羅是法國情報部門的祕密警察。但法國當局的「配合」僅到此為止，身兼祕密警察身份的保羅在事發當晚究竟扮演了什麼角色，目前尚不得而知。

5、知情記者如何死亡？

黛妃遭遇車禍當天，不少目擊者看到附近停著一輛白色飛雅特車，其尾燈碎片就散落在現場，而黛安娜一行乘坐的賓士車保險桿上也有撞痕。老法耶茲雇請私人偵探進行了調查，發現那輛飛雅特的車主可能是狗仔隊記者詹姆斯‧安達

森。而不可思議的是，安達森在2000年神秘地被燒死在那輛車裡，最初警方曾將此案列為「謀殺案」，但沒多久又改為自殺案處理。

6、車禍現場為何神秘？

2006年2月，幾名最新浮出水面的目擊證人稱，當黛安娜乘坐的賓士車駛進巴黎阿爾馬隧道時，一輛摩托車突然超過汽車，其後座上的乘客用一個手持設備向後發射出一道「閃電般耀眼的強光」。這導致汽車在幾秒鐘內失控，撞向水泥柱。更可疑的是，車禍發生的那條路上，交通監視器「恰好」都處於關機狀態，而在車禍發生15分鐘後，它們又奇蹟般地開始工作。

7、倖存者為什麼失憶？

在黛妃的車禍案中，唯一倖存者就是黛安娜的保鏢鐘斯，當時他也坐在賓士車內，並身受重傷，但鐘斯出院後在多個場合公開表示，自己對當日情景完全失憶，不由令人生疑。

8、究竟還有多少證人？

　　近年來，英國警方一直在進行黛妃死因的最
終調查。2006年5月，負責調查黛安娜王妃死因
的約翰・史蒂文斯透露說，在調查過程中，出現
了一些新證人和新證據。不過，史蒂文斯始終不
肯透露具體的證人和證據情況。

　　英國黛安娜王妃就這樣離去了，給人留下了
美好的回憶。可是，關於那場車禍，雖然幾經調
查，謎團至今仍然沒有解開。

法老圖坦卡蒙死因之謎

你也許不知道法老圖坦卡蒙是誰，但是你可能不會不知道「誰要是干擾了法老的安寧，死亡就會降臨到他的頭上」這句咒語。

古埃及第18王朝，一個尚不諳世事年僅9歲的小王子在宰相的輔佐下登基做了該朝的第12位法老，他，就是今天知名度最高的古埃及法老——圖坦卡蒙。讓圖坦卡蒙如此知名的是所謂「法老咒語」。

在他陵墓上鐫刻著這樣一行文字：「誰要是干擾了法老的安寧，死亡就會降臨到他的頭上」。然而，圖坦卡蒙在18歲的時候卻突然神秘死亡。他的死因是什麼呢？

1968年，為了對圖坦卡蒙的死因進行研究，經批准，英國利物浦大學的研究人員對其木乃伊

進行了X光透視。結果顯示，在死者的腦腔中有一塊曾移位的骨頭，而在後腦勺處有一片頗似血凝塊的陰影。

對此，研究小組的負責人哈里森博士聲稱：「這團陰影邊緣並無異常，但事實上可能是由該部位的一次腦膜內出血造成的。而這次內出血大概是後腦遭到重擊的結果。

反過來説，這一擊極有可能就是導致死亡的原因，也就是説圖坦卡蒙很有可能死於一次謀殺。」

當然，他也表示這也可能是一起意外事故造成的結果。但更令人驚奇的是，圖坦卡蒙的頸骨似乎被木乃伊的製作者煞費苦心地重新對接過。

那麼，除了謀殺，還有什麼原因能使法老的頸椎折斷呢？一時間，圖坦卡蒙死於宮廷謀殺的猜測甚囂塵上。

雖然圖坦卡蒙被謀殺的説法具有很強的説服性，埃及最高文物委員會主席哈瓦斯博士對這一

結論並不滿意。哈瓦斯是埃及現代考古界一名具有傳奇色彩的人物。

30多年的職業生涯讓他成為了當今世界上發掘的古埃及法老陵墓以及接觸到的木乃伊數目最多的考古學家。雖然屢屢「驚動法老神靈」，可是時至今日他依然「健在」。

2004年10月，哈瓦斯頂住重重壓力，毅然決定再次打開圖坦卡蒙的棺木，以期徹底揭開困擾世人千年的有關圖坦卡蒙死因之謎。

2005年1月初，一支哈瓦斯直接領導，另外4名埃及、2名義大利和1名瑞士的病理學家和人類學家組成的8人專家團成立。

他們將圖坦卡蒙法老的木乃伊再次從陵寢中取出，利用CT機對木乃伊進行了全身「體檢」。檢查過程花費了大約15分鐘，從頭到腳共為木乃伊拍攝了1700多張照片。

歷時近3個月的深入研究，哈瓦斯終於在3月8日正式宣佈，「圖坦卡蒙法老並非被謀殺！」

此聲明一經傳出，立即引起軒然大波。

哈瓦斯指出，圖坦卡蒙破裂的頭骨可能是負責埋葬製作木乃伊的工人造成的，他們可能在頭骨鑿了一個孔，以便讓屍體防腐技工把樹脂和其它液體注入其中，準備將屍體做成木乃伊。

研究小組的一些科學家還推測，頭骨和上頸的損傷可能是卡特所領導的考古隊伍的操作失誤造成的。在發現圖坦卡蒙完好無損的墓室後，他們曾試圖將金面具從圖坦卡蒙木乃伊上分離下來，結果使木乃伊遭受到一定程度的損壞。

如果圖特卡蒙不是被謀殺的，那麼他真正的死因又是什麼？在研究中，專家們發現在圖坦卡蒙的左大腿骨上有一個傷疤。

依據這一傷疤的嚴重程度，專家們斷定圖坦卡蒙在死前大腿一定受過重傷，因沒得到及時治療，致使傷口感染發炎。在那個時代，古埃及雖然很富饒，但是也沒有能力生產出可以治療感染的藥物，更不會截肢的醫學技術，這就可能導致

圖坦卡蒙的英年早逝。

　　被謀殺的疑團似乎解開了，但是專家們所給出的真正的死亡之因也只是推測而已。圖特卡蒙法老的木乃伊所隱藏的諸多謎團，什麼時候能破解呢？這位3000多年前死亡的法老，何時才能夠真正的得以安息呢？

亞歷山大大帝死於誰手

究竟是什麼原因使馳騁三大洲的亞歷山大大帝一
病不起，歷史學家會告訴我們答案嗎？

　　一生縱橫無敵，他曾率領馬其頓希臘聯軍發
起對波斯帝國的遠征，用近10年的時間征服了東
方廣大地區，從而建立了橫跨歐、亞、非三大洲
的龐大帝國。但是，西元前323年夏，亞歷山大
在巴比倫突然患病逝世了，其病因始終是一個未
解的疑團，他到底死於什麼原因呢？

　　生於馬其頓都城伯拉的亞歷山大大帝（西元
前356～前323年）出身於新興的王族家庭，他的
父親是腓力二世。他小時候曾拜著名哲學家亞里
斯多德為師，受到良好的希臘文化教育；他16歲
就隨父出征，又學得不少軍事知識。他西元前
336年即位，先後平定宮廷內亂，制服北方諸侯

反叛，並擊敗了希臘各邦的反馬其頓運動。西元前334年春，亞歷山大帶領著他的馬其頓希臘聯軍，穿過赫斯灣海峽遠征波斯。西元前333年，在小亞細亞伊蘇城附近把大流士三世率領的波斯軍隊打得落花流水，並俘獲了大流士三世的母親和妻子。西元前327年夏，利用印度諸國之間的矛盾，亞歷山大佔領印度西北的許多地區。但是由於當地人民的頑強抵抗以及戰士的厭戰情緒，再加上當地氣溫高，瘟疫流行，西元前324年，亞歷山大軍隊分別從海陸兩路回到了巴比倫。至此，歷經將近十年的遠征告一段落。

西元前323年夏，亞歷山大突然暴病而亡，這時他正準備著一次新的遠征。是何種疾病奪去了亞歷山大的生命？

1、酒宴之後，一病不起

英國著名史學家赫·喬·威爾斯在《世界史綱》中認為：「亞歷山大在巴比倫有一回酩酊大醉以後，突然發燒，病倒、死去了。」

《大英百科全書》同樣認為：「在一次延長時間的酒宴之後，他突然得了病，十天之後，即西元前323年6月13日去世了。」

美國學者杜蘭‧威爾在《世界文明史》中寫道：「回到巴比倫後，亞歷山大更是一天比一天沉湎於美酒。在一次宴會上，他喝光一杯可裝6夸特酒的大酒杯裡所有的酒。第二天晚上，他又痛飲；那天夜裡，天氣突然轉壞變冷，他得了感冒，於是病倒在床上。……到了第11天，他就死了。」

日本學者大牟田章根據古希臘史家的記述在《亞歷山大》一書中的「宮廷日誌」中對他發病以後的情況有詳細的記載，並且流傳下來：「夜色已殘，醉意更深，亞歷山大準備回房休歇了，可是卻又禁不住密迪亞斯的請求，繼續宴飲作樂。他整夜狂飲，第二天又喝了一整天的酒，到了6月1日，他發覺自己患了熱病。……亞歷山大被遷往河對岸的王宮，熱度仍然未退，過了八天

之後病情卻越來越惡化，這時亞歷山大已不能說話，兵士們一個個魚貫而入，從他的病床旁經過，他用眼睛向兵士們一一致意，一切盡在無言之中，這是最後的生離死別！」

2、都是瘧疾惹的禍

前蘇聯學者塞爾格葉夫在《古希臘史》中提出：「亞歷山大死於惡性瘧疾。」

美國學者愛德華‧麥克諾爾‧伯恩斯和菲力浦‧李‧拉爾夫在《世界文明史》中也寫道：「西元前323年，他身染巴比倫瘧疾，死時年32歲。」

另一位美國學者富勒將軍在《亞歷山大新傳》中進一步認為：「可能是因為他長期在沼澤地區與野蠻人作戰染上了惡性瘧疾，於6月13日日落時，他永遠的閉上了眼睛。他既未留下遺囑，也未指定繼承人……」

3、為毒藥所害

古希臘史家阿里安在《亞歷山大遠征記》中

除記述了亞歷山大連日跟邁狄亞斯（密迪亞斯）一起飲酒作樂，以致受寒發燒。最後死去外，還敘述了其它一些情節，說部將安提派特曾送給亞歷山大一副藥，他是吃了這副藥才死的。還說這副藥是亞里斯多德替安提派特配的。藥是盛在一個騾蹄殼裡，由安提派特的兒子卡山德送到亞歷山大那裡去。卡山德的弟弟埃歐拉斯是亞歷山大的御杯侍從。不久前亞歷山大曾冤枉了他，使他很氣憤。還有人說，這件事情中，邁狄亞斯還插了一手，那次狂飲就是邁狄亞斯提議的。說亞歷山大一口把那杯酒喝完後，就感覺劇烈疼痛；這就是他當時離席的原因。

　　古希臘史學家普魯塔克也有類似的描寫，他說，亞歷山大曾懷疑他的朋友。最大的憂慮是安提派特及其兒子們：埃歐拉斯和卡山德。卡山德曾在看一些野蠻人朝拜國王時抑制不住大笑起來，這使亞歷山大十分惱怒，以致於用雙手抓住他的頭髮並把他的頭往牆上猛撞。另一次，卡山

德為了保護安提派特，指責那些告發者，而受到亞歷山大的訓斥。

　　所有這些，在卡山德的頭腦中留下了深刻的印象，以致於很久以後當他成為馬其頓國王時，每次來往經過特爾斐神廟，看到亞歷山大塑像時，都會突然感到極大恐懼，並全身發抖，頭腦發暈，眼睛翻轉，且要過很長時間才能恢復過來。他還說，當時並沒有人懷疑亞歷山大是被人毒害的，但是由於六年後的一些情況，有人認為亞歷山大的死是亞里斯多德勸安提派特幹的，還為安提派特提供了毒藥。毒藥是從諾那克里斯岩石中蒸餾出的，似冰的水，盛在騾子的蹄子裡。

　　到底是什麼原因使得亞歷山大大帝一病不起，古今學者一直在探尋，但至今仍然沒有謎底。

夢露為什麼一絲不掛的死去

在夢露死後的數十年中，各方面陸續爆出驚人內幕，且都與一個神秘的家族有關。

　　她是躋身美國十大歷史名人中唯一的女性，且名列前茅，把貓王和海明威都甩在身後，人們習慣的將這歸結為她的性感，然而40年的時間驗證了性感是會消逝的，而魅力則可以永恆。她就是萬眾矚目的瑪麗蓮・夢露。

　　1962年8月5日，清晨4：25，洛杉磯警察局接到了瑪麗蓮・夢露私人醫生驚恐萬狀的電話，電話的內容同樣令人瞠目結舌，他說夢露死了。在死寂的兩秒之後，凶案組急速趕往夢露的寓所。

　　隨即，眼前的一幕令所有人大驚失色：瑪麗蓮赤裸的平躺在床上，臉部蓋在枕頭下，手裡還

握著電話筒，兩條腿直伸著，床邊散放著一些安眠藥藥瓶。藥瓶的出現彷彿暗示著這是一場典型的自殺事件，但其中的細節卻讓警官傑克·克萊蒙產生了懷疑。憑著豐富的辦案經驗，克萊蒙知道自殺者在服藥過量後會有一系列反應，包括噁心、嘔吐、痙攣，最後會痛苦難忍地死去，可從現場夢露的死狀來看，她似乎並未經歷痛苦的過程。此外，她手中的電話表明，她在死前正在打電話，而且死得很突然，連電話都沒來得及掛上。這不可能是一個蓄意自殺者的行為。

而當他問及夢露的護士何時發現夢露死亡時，得到的答案是：午夜24點整。那麼在夢露死後的4個多小時的時間裡，都發生了什麼呢？據夢露的心理醫生格林森所說：之所以沒有報案，是因為他們先向20世紀福克斯公司通知了這件事，並在等製片廠廣告宣傳部的「指示」。接下來的發現卻讓克萊蒙對格林森所言的真實性產生了懷疑：夢露資料櫃中日記、備忘錄和書信消失

不見了，死前3小時的通話記錄和部分電話簿也不翼而飛。這些缺失的內容足以讓人對那幾個小時中所發生的事浮想聯翩。整件事越來越不像所謂的自殺事件，而更像是一起嚴密策劃的謀殺。那麼兇手是誰呢？最後人們將目光不約而同地鎖定了甘迺迪兄弟。

英國著名傳記作家安東尼·薩默思，在加利福尼亞得知夢露的電話記錄被人取走後，也推測這其中必定有人在干預。

卡爾波齊曾是夢露生前的傳記作者，兩人私交很好，夢露死前一個月曾打電話跟他談及了未來自傳的寫作，因此卡爾波齊實在不相信夢露可能突然自殺。為此他也進行了開始長達10年的追查。結果卡爾波齊發現夢露的私人護士莫瑞在出席完夢露的葬禮後，秘密飛往了甘迺迪家族的麻省寓所。卡爾波齊在1973年，找到莫瑞對質，並錄製了一卷兩個小時的訪談錄音帶。這其中透露出了很多鮮為人知的秘密。卡爾波齊在2000年5

月去世，他當時已差不多完成了一本名為《機密的夢露》的書。書中觀點一語中的：夢露之死是甘迺迪兄弟的「傑作」。

卡爾波齊認為甘迺迪兄弟之所以謀害夢露原因有二：首先約翰·甘迺迪怕夢露將自己與黑手黨的內幕透露出去；而羅伯特·甘迺迪則害怕夢露為自己墮胎的事被人發現從而斷送政治前途。因此兩人決定殺人滅口。

執行謀殺行動的是夢露的心理醫生格林森，而護士莫瑞則被安排照顧夢露，並將夢露的一舉一動向格林森彙報。格林森在8月4日晚前往夢露的好萊塢寓所，向夢露訛稱為她注入一種藥劑緩解失眠症。格林森深得夢露信任，夢露在服用了安眠藥之後接受了注射。午夜24時護士莫瑞發現夢露死了，她在凌晨1：30致電格林森。此後甘迺迪的妹夫彼得·勞福德，負責將所有甘迺迪兄弟與夢露有關係的證據銷毀，並製造出了夢露自殺身亡的現場。全清晨4：25，夢露的死訊由另

一名稍後被召喚到她家的醫生通知警方。卡爾波齊在書中還透露，彼得‧勞福德為擔心消滅證據的工作做得不夠妥善，曾在當天清晨5：20分派一名私家偵探到夢露家中再調查一次，結果證實一切妥當。卡爾波齊甚至查出在夢露死後不久，勞福德便前往甘迺迪的麻省住宅，幾天之後，護士莫瑞也飛往麻省，而機票則是由甘迺迪家族的美國運通卡簽賬。

夢露和甘迺迪之間有什麼關係呢？甘迺迪為什麼一定要殺害夢露呢？

1961年甘迺迪妹夫彼得‧勞福德家舉辦的一次晚會上，夢露和甘迺迪總統之間萌發了強烈的激情。隨著兩人感情的深入，夢露變得更加不能自拔，她對甘迺迪的愛很熾熱，不僅經常打電話到其辦公室，還多次化裝成甘迺迪的私人秘書混跡白宮。然而甘迺迪一方的態度可想而知，他有一個如此適合作第一夫人的妻子和一個眾所周知的美滿家庭，難道他會甘願放棄這一切，而和一

個「傻瓜美人」在一起嗎？因此，面對夢露，甘迺迪表現出的永遠是「貌似殷勤，實則傲慢」的姿態。

然而，夢露的窮追不捨最終還是讓甘迺迪無法忍受了，也許是厭倦了，也許是開始有什麼擔憂，總之甘迺迪不能再容許這樣一個女人緊隨其後。為此，甘迺迪派羅伯特從中勸導，希望能打消夢露的非分之想。可沒想到的是，羅伯特為夢露難以抗拒的魅力俘獲，很快竟成為了夢露的又一個秘密情人。甘迺迪兄弟和夢露之間展開了盤根交錯的三角關係。她捲進了一場危險遊戲，燈蛾撲火般的危險。

1962年5月29日，是約翰·甘迺迪45歲的生日。夢露為了慶祝甘迺迪的生日特意訂做了一支勞力士金表，並在在金表的背面鐫刻下了自己愛的心聲：傑克(甘迺迪的昵稱)，夢露永遠愛你。

裝表的金盒上附著一首名為《在你生日之際，提出我真心的請求》的愛情詩，詩中這樣寫

道：「讓相愛的人呼吸他們的歎息，讓玫瑰盛開
音樂響起，讓激情焚燒我們的嘴唇和眼睛。讓我
愛你，否則不如死去！」這次生日盛典是夢露第
一次與甘迺迪同時公開亮相，因此意義非凡。夢
露專門邀請法國服裝設計師讓·路易為自己設計
晚禮服。讓·路易根據夢露的身體特點，設計了
一件由金屬飾片和珠線裝飾的裙子，後面開口，
裙擺及地，幾近赤裸。它「引人注目，別出心
裁，且只有夢露才敢穿著，具有真正的歷史意
義」。夢露則更是直言不諱地表明心意，為這件
禮服命名為「甘迺迪裝」。加工小組在日夜趕製
了七天之後，將這件造價高達12000美元璀璨奪
目的禮服製作完成。晚會上，當夢露身著它款款
走來的時候，所有人都為她的美豔絕倫折服了。

　　夢露還為他獻唱了一首後來家喻戶曉的歌曲
《總統，祝你生日快樂》，其神態和嗓音無不透
露著曖昧的資訊。這一切都引發了他的憂慮，夢
露送的禮物和性感的造型，都昭示著兩人的關係

非常。

　　與此同時，政敵和反對黨都在極力搜集有關不利於甘迺迪的負面材料，夢露難脫干係。此外，夢露經常在與他人交談時無意間透露在與甘迺迪的交往中接觸到的一些重要機密。其中就包括甘迺迪同芝加哥黑手黨之間不可告人的秘密。

　　甘迺迪意識到了這段關係的危險程度。這場遊戲到了該收場的時候，1962年的7月20日夢露在洛杉磯巴嫩雪松醫院秘密做了墮胎手術，這個孩子的父親是羅伯特・甘迺迪。1962年8月2日，夢露在甘迺迪下榻的酒店留下口訊說如果不向她當面解釋原因，她就在下星期一舉行記者招待會。1962年8月4日夢露前往塔河湖度週末，當天，夢露在與髮型師談話時偶然說起了甘迺迪與黑手黨有關聯。羅伯特馬上就獲知了這一資訊，他派人警告夢露，不要胡言亂語。當晚，夢露再次接到數個電話，包括她以前的情人喬斯・波蘭諾。波蘭諾莫名其妙地批評夢露道：「你洩露了

天機，這將震驚世界。」一天之後的8月5日，夢露神秘地死在家中，身後留下了一個40餘年未解的謎團，

　　然而隨著1962年11月22日約翰・甘迺迪遇刺，1968年6月5日羅伯特・甘迺迪在加州慘遭暗殺，一切有關甘迺迪兄弟謀害夢露的事實便再也無從考證，留給了美國乃至全世界揮之不去的連綿魅惑。

墨索里尼
是邱吉爾下令除掉的嗎

人說貓有九條命。誰又會想到義大利獨裁者墨索里尼的死因竟然有19種說法呢？

　　根據官方歷史記載：1945年4月28日下午4點10分，墨索里尼和他的情婦是在義大利科摩湖畔被義大利游擊隊處決。然而事實真是如此嗎？

　　義大利官方電視臺在最新播出的一部記錄片中聲稱，墨索里尼倉皇出逃時，身上帶有一份英首相邱吉爾的秘密信件。在這封信中，邱吉爾試圖和義大利方面達成妥協，讓意拋棄自己仍在兩線苦戰的德國軸心國盟友，單獨和西方媾和。但問題是，邱吉爾這封信中的內容完全違背了他和美國總統羅斯福1943年在北非卡薩布蘭卡會議上達成的共識。

參與制作這部紀錄片的美國資深記者彼得‧
托普金斯表示，邱吉爾試圖和身為法西斯頭目的
墨索里尼達成妥協，是為了準備戰後應對來自前
蘇聯的威脅。

　　新近解密的部分信件使托普金斯的説法變得
非常可信。根據墨索里尼1945年4月24日寫下的
他一生中最後一封信件，他懇求邱吉爾能「親自
出面干預」，保證他「得到公正的待遇，並獲得
自我辯護的機會」。

　　可能是為了不讓自己和墨索里尼之間的秘密
協議在這位法西斯頭目被捕後公之於眾，英國領
導層最終決定除掉墨索里尼。現年83歲的前義大
利共產黨游擊隊員席格諾‧洛納蒂就站出來證實
説，「約翰上尉」潛入意北部活動的特別目的，
就是為了除掉墨索里尼，而且為了行動的保密
性，他的行動直接向英國義大利戰區的指揮官亞
歷山大陸軍上將報告。

　　在得知墨索里尼等人被意共游擊隊逮捕之

後，「約翰上尉」就和他一起偷偷前往關押地點。他們得到風聲，墨索里尼被捕時身邊有一隻手提箱，墨索里尼口口聲聲對游擊隊員說箱子裡面的東西「對於義大利的未來具有極為重要的意義」。

當潛入房間之後，洛納蒂發現墨索里尼的情婦正坐在床上，而墨索里尼本人則站在一邊。這時「約翰上尉」對洛納蒂傳達了來自倫敦最高層的行動指令：除掉房間內的這兩個人。之所以要處決墨索里尼的情婦，是因為她知道的秘密太多了。當時的時間是28日上午11點。

在處決完兩人之後，「約翰上尉」從自己的背包中取出照相機，拍下了兩名死者的照片，他同時還找到了墨索里尼持有的「非常重要的文件」。

在聽到槍聲後，義大利游擊隊員隨即趕到現場，帶走了兩具屍體，並將墨索里尼的屍體豎了起來，導演一場「假槍斃」。墨索里尼和他的情

婦又死了一次。

　　為了查明真相，墨索里尼之孫圭多委託律師向義大利北部科莫的一家法院提出申請，要求當局進行驗屍，以查明事件真相。事情會有結果嗎？歷史學家的質疑仍在進行中。

埃及豔后死因之謎

英雄難過美人關，美色成為女人成功的資本，又有多少英雄在此落馬！

《埃及豔后》的影片相信不少人都看過。克里奧派特拉那令人傾倒的姿色、狡猾的手腕、傳奇風流的一生讓人難忘。有人說，克莉奧佩特拉是「尼羅河畔的妖婦」，是「尼羅河的花蛇」；有人說，克莉奧佩特拉是世界上所有詩人的情婦，是世界上所有狂歡者的女主人；羅馬人對她痛恨不已，因為她差一點讓羅馬變成埃及的一個行省；埃及人稱頌她是勇士，因為她為弱小的埃及贏得了22年的和平……然而，就是這樣的一代埃及豔后的死因，竟然一直成為不解之謎。

克里奧派特拉七世是埃及國王托勒密十二世和克里奧派特拉五世的女兒。西元前51年，托勒

密十二世去世，按照遺詔和當時法律規定，21歲的克里奧派特拉和比她小六歲的異母弟弟結成夫妻，共同執政。

由於在宮廷鬥爭中失敗，西元前48年，她被其弟逐出亞歷山大城。她野心勃勃，在埃及和敘利亞邊界一帶招募軍隊，準備回埃及跟弟弟爭奪王位。此時，適逢凱薩追擊其政敵龐培來到埃及，克里奧派特拉的一個黨人想出了一條巧計：把女王包在毯子裡，然後派士兵化裝成商人，把女王抬到克里奧派特拉的行館。

當時凱薩還以為是行囊，打開一看，使凱薩又驚又喜，出現在他面前的竟是一位具有喀納斯女神般的黃金身段、嫵媚卓越的風姿、甜美豔麗的女子——克里奧派特拉。凱薩立刻為她的美貌所傾倒。兩人一見鍾情。

克里奧派特拉夜闖軍營的「壯舉」。後來自然得到了滿意的回報，她成了大權獨攬的埃及女王。

西元前45年，克里奧派特拉七世就應凱薩之邀來到羅馬。當她進入羅馬城時，凱薩親自去迎接，同時也轟動了整個羅馬上層社會。不料凱薩於西元前44年3月15日被刺身亡，她悵然離開了羅馬。

凱薩死後，安東尼稱雄羅馬。克里奧派特拉很快便投入了他的懷抱。為了討得豔后的歡心，安東尼遺棄了他的妻子，與克里奧派特拉舉行婚禮。並擅自將羅馬帝國在東方的大片殖民地送給了被他尊為「眾王之女王」的克里奧派特拉，這激起了羅馬人的憤怒，在屋大維的煽動下，羅馬元老院和公民大會撤銷了他的執政官職務，並剝奪了他的一切權利。

西元前31年，安東尼與屋大維會戰於阿克提烏姆海角，安東尼戰敗自殺。

克里奧派特拉被屋大維生俘後，她還抱著一絲幻想，然而，當她得知她將作為戰利品被帶到羅馬遊街示眾的消息後，便懇求屋大維讓她為去

世的安東尼祭奠。她寫了自己的遺書。沐浴後，用了一頓豐盛的晚餐。此後，便悵然地進入自己的臥室，安詳的平躺在一張金床上，從此再沒有醒來。

克里奧派特拉女王真的是自殺嗎？

克麗奧佩特拉在自殺前，曾向屋大維送出了一封自殺信。美國明尼蘇達州明尼阿波利斯市犯罪研究專家派特‧布朗說：「這顯然不符合自殺者的性格。一個決心自殺的人絕不會事先向某人先送出一份示警性的遺書，好讓他跑來拯救自己。」

另外，史料記載，克麗奧佩特拉用於自殺的是一條埃及眼鏡蛇，在實驗資料中，被眼鏡蛇咬中最快的死亡也要兩小時；儘管醫學史也記載著一些中了眼鏡蛇毒後20分鐘內就死亡的事件，可屋大維的衛兵接獲命令衝到埃及豔后住處時，距埃及豔后遣人送信僅相隔幾分鐘時間，但當衛兵提達現場時，埃及豔后已經香消玉殞了。

派特‧布朗稱，眾多證據都顯示埃及豔后很可能是死於一場精心策劃的謀殺。最有嫌疑的正是後來成為奧古斯都大帝的屋大維。因為他後來又殺死了克麗奧佩特拉和凱撒的私生子凱撒利昂。況且在埃及從沒有女僕陪主人自殺的傳統，為什麼那兩名女僕艾拉斯和查米恩在埃及豔后恐怖自殺後，不立即撞門喊衛兵幫忙，而是選擇一起死亡？答案非常簡單：屋大維除掉了所有目擊者。

　　克萊奧派特拉之死究竟是自殺還是他殺？迄今為止歷史學家都沒有做出最終結論。「真相無人知曉。」

無孔不入的暗殺

女盲人為何刺殺列寧

在政治生活中，不要小看任何人，任何弱小者，
都可能給你致命一擊。

蘇聯經典影片《列寧在1918》中，有一組經
典的鏡頭，女特務芬妮·卡普蘭趁列寧去米赫利
松工廠演講之際，舉起手槍，向列寧射出罪惡的
子彈，列寧中彈倒下。也許有些人認為電影只是
虛構的而已，事實上，芬妮·卡普蘭確實刺殺過
列寧，而且她竟然還是個盲人。事情究竟是怎麼
回事呢？

1918年8月30日，列寧在做完演講後離開位
於莫斯科大謝爾普霍夫卡大街的米海利松工廠。
他穿過人群，走向自己的汽車，工人和水兵簇擁
著領袖，高聲叫喊著，大家都沉浸在喜悅之中。

突然，響起一陣槍聲，列寧倒下了。憤怒的

人們衝上前，將一個女人打倒在地——這個女人就是芬妮·卡普蘭。卡普蘭也因謀殺列寧而很快被處決。

然而，俄《共青團真理報》報導稱，當時的情形並非這樣。當晚11時左右，列寧來到大街上，夜色已經很深，周圍一片嘈雜聲。因此，槍響的時候根本沒人聽見。

列寧倒下後片刻，人們開始四處逃散，只有一個人保持了冷靜——蘇維埃步兵師政治委員助理巴圖林。巴圖林發現不遠處的一棵樹下獨自站著一個婦女，只見她一隻手拿著個破皮包，另一隻手攥著一把自動步槍走過去，搜了搜她的身，這個女人沒有反抗。

他在這個女人身上沒有找到任何可疑的東西，但他最後還是問了句：「您為什麼向列寧同志開槍？」

這個女人沒有否認，準確的說，她是沒有任何表示。這個女人就是芬妮·卡普蘭。

醫生診斷後發現，子彈擊中列寧的頸部，所幸沒有生命危險，「子彈若是偏離1毫米，列寧肯定就沒命了。」

然而，檔案資料顯示，開槍的卡普蘭幾乎是個瞎子。正是這一點讓許多歷史學家對案件的真相產生了懷疑。

開槍位置距離列寧很近

1890年，卡普蘭出生在烏克蘭沃倫省一個猶太人家庭。俄國1905年革命後，卡普蘭開始接近無政府主義者。1926年，16歲的卡普蘭第一次參加恐怖活動。

那次，她策劃組織對基輔行政長官的暗殺失敗後被捕，基輔當局軍事法庭本來判處她死刑，但鑒於她實施的恐怖活動並未成功，又將死刑改判終生苦役。俄羅斯解禁的歷史資料披露說，卡普蘭當時幾乎完全失明，之後一直沒有恢復。

在監獄裡，卡普蘭結識了著名的右翼社會革命黨活動家瑪利亞·斯別里多諾瓦婭，她的思想

開始從無政府主義轉向社會革命黨人的觀點。
1917年俄國二月革命後，她被大赦出獄。十月革
命後，她被迫轉移到烏克蘭的哈里科夫市，在那
裡接受了眼科手術治療。

在莫斯科米海利松工廠原址的列寧紀念館
裡，完好保存著蘇維埃契卡（蘇維埃安全諜報機
構）人員對卡普蘭的審訊材料和照片。

照片顯示，卡普蘭是在一輛公共汽車旁朝列
寧開槍的，當時她的位置距離列寧非常近。偵查
人員認為，即使殺手是一個高度近視的人，這麼
近的距離開槍也不可能不命中目標。

偵查結果是，卡普蘭開了四槍，其中兩槍擊
中列寧。檔案中還有對卡普蘭的同黨諾維科夫的
審訊記錄：諾維科夫當天負責在列寧講演的車間
門口阻擋人群，掩護卡普蘭向列寧開槍。

俄羅斯學者尤裡雅・史卡列娃在其研究著作
中證實說，卡普蘭在被捕後三天遭槍決。行刑的
現場就在克里姆林宮內，當時開來一輛輕型卡

車，執行的槍聲被卡車馬達的轟鳴聲掩蓋了。卡普蘭死後，她的屍體沒有被掩埋，而是被塞進一個鐵桶裡澆上汽油焚燒了。

另一篇俄羅斯學者寫的歷史研究文章稱，卡普蘭在最開始的審訊中就承認，向列寧開槍的兇手就是她。她還宣稱，刺殺列寧是因為她堅決反對十月革命，刺殺計畫是1918年2月她在辛菲羅波里療養的時候，立憲議會的領導人與她談話後制定好的。

還有一份檔則稱：「卡普蘭在受審時承認，立憲議會認為列寧出賣了革命，他的行為偏離社會主義思想幾十年。」──但是，卡普蘭強調，開槍的決定完全是她自己做出的，沒有任何黨派具體指使。

尤里雅・史卡列娃說：「遺憾的是，卡普蘭沒來得及將自己的秘密，也許是一個時代的秘密講述出來，就被槍斃了。這對歷史，對蘇維埃政權都是一個不小的遺憾，因為，事件的真相並沒

有完全大白於天下，死刑的執行太快了，以至於草率。」

　　儘管事件已過去近100年，但是否是幾乎失明的芬妮・卡普蘭向列寧開的槍，為什麼開槍，用的什麼槍，俄羅斯學術界至今仍爭論不休。

巴頓將軍之死

車禍之中僥倖逃生，卻在醫院的搶救已脫離危險之時，遭遇死神。

美國陸軍四星上將喬治‧巴頓號稱「鐵膽將軍」。粗魯、野蠻是他在戰爭中留給後人的印象，潘興元帥甚至把他叫作「美軍中的匪徒」。就是這樣一位軍人，卻死於戰後的一次車禍，並給後人留下了一個不解之謎。

1945年6月，巴頓最後一次回家，儘管他被美國民眾當成英雄來歡迎，他卻對家人說，這是他們最後一次見他了——「我的氣數盡了。我不知道將會怎麼發生，但我是一定會死在那邊的。」巴頓說這番話時，歐洲戰爭已經結束。就在當年的12月9日，巴頓將軍在去養雉場打獵的路上發生車禍。

這真是一場特別可怕的事故，但是最令人吃驚的是，除巴頓將軍外，另外兩人一點也沒有受傷，而且巴頓將軍的脊柱嚴重錯位，頭骨也受了重傷。

令人高興的是，巴頓將軍經過醫生精心救治後，情況有了很大好轉。很快，他的一條胳膊變得有力，一條腿也有了一些較微弱的知覺。在巴頓將軍受傷住院一周後，醫生們認為他已經脫離危險，至少是性命無憂了，但是能恢復到何種程度他們仍然無法預知。他們變得樂觀起來。但是，12月20日下午，血栓突然沒有預兆地發生了。巴頓將軍的情況急轉直下，這令醫生們束手無策。12月21日5點55分，巴頓將軍停止了呼吸，死因毫無疑問是血栓和心肌梗塞。巴頓將軍去世了，但是，人們沒有忘記他。人們感到導致他遇難的車禍非常可疑。

首先，當時轎車裡共有3人，其它兩人皆毫髮無損，為何偏偏只有巴頓將軍遇難呢？其次，

肇事司機居然能夠在案發後溜掉，這點尤其讓人感到不可思議，而且憲兵們對現場進行的例行調查特別草率，甚至都沒有留下任何官方紀錄。有人指出，憲兵隊長巴巴拉思中尉曾經寫下一份調查報告，但是後來卻不見了，據此，有人認為巴頓將軍之死帶有一定的政治背景，跟他與艾森豪威爾將軍的矛盾有關。

巴頓曾指揮美國第3集團軍，在諾曼地登陸後攻佔了法國的大片土地，但盟軍最高指揮官艾森豪制止了他在蘇軍之前進入柏林的雄心。

巴頓認為，艾森豪1944年秋天錯誤的阻止他關閉「法萊斯缺口」，這使數十萬德軍逃出了包圍圈，德軍隨後發動了阿登戰役，數千美軍在戰役中喪生。為了安撫史達林，第3集團軍在抵達德國邊境時被令停止前進，未能在蘇聯人之前奪取柏林或布拉格。

美國軍事歷史學家羅格特·威爾科斯稱：「巴頓當時正準備辭去軍隊的職務，他想與俄國

人開戰，政府認為他瘋了。他還知道可能毀掉許多人前程的戰爭機密。如果巴頓活著說出他想說的一切，我不認為艾森豪將能成功競選總統。我認為，如果上法庭的話，我有足夠的證據讓陪審團提出起訴，但不一定能得到有罪判決。」

巴頓歷史學會主席查理斯・普羅旺斯稱：「有許多人因為巴頓的死而歡呼雀躍，他當時正準備說出許多足以毀掉他們前程的事情。」

巴頓將軍到底是因何而死？他的死是否與艾森豪威爾總統有關？美國著名電視節目主持人約翰・巴徹勒的觀點最具代表性，「雖然不能確信他是被暗殺，但再也不能肯定他不是被暗殺的了。」

何人剌殺的伊莉莎白女王

特殊的時代，肩負著特殊的使命，撲朔迷離的關
係也為事情的本原籠罩了迷霧。誰解真相，唯有
當事人。

　　十五世紀下半葉，英國蘭加斯特家族和約克
家族之間爭奪王位的紅白玫瑰戰爭進行了幾十
年，王位也在這兩個家族之間轉移了多次。這場
戰爭最終以1485年由蘭加斯特家族的遠親都鐸‧
亨利七世登上王位而告終。不久，亨利八世繼承
了王位，他同羅馬教皇斷絕了關係，自封為英國
教會的領袖。他解散了教堂，沒收了教堂的大片
領地和許多信仰天主教的貴族的田莊。這筆巨大
的財富絕大部分落到了亨利王朝貴族手裡。因
此，他們最擔心天主教復辟，一旦復辟，那麼土
地將複歸原主。

亨利八世的兒子愛德華六世做了幾年國王，
而後就把王位讓給了他的姐姐瑪麗。瑪麗雖恢復
了天主教，卻不敢叫那些新貴族將占來的土地還
給羅馬教會。

1558年英國女王瑪麗一世死後，伊莉莎白是
英王亨利八世與王后安娜‧波琳的女兒，是合法
的王位繼承人。但是，由於亨利八世是在教皇未
同意與第一個王后離婚的情況下與安娜‧波琳結
合的，後來安娜‧波琳又被控失節而處死，亨利
與她的婚姻便成為非法的。國際上的反英勢力便
以此為由，反對伊莉莎白王位的合法性。英國陷
入了撲朔離迷的宮廷鬥爭之中。

當時反對伊莉莎白的勢力主要有：

瑪麗一世的表妹、信奉天主教的蘇格蘭女王
瑪麗‧斯圖亞特覬覦英國王位，宣稱自己是英格
蘭王位的合法繼承人，便勾結法國和西班牙反對
伊莉莎白；西班牙國王腓力普二世出於和英國的
海上競爭，極力支持親西班牙的瑪麗‧斯圖亞特

登上英國王位；羅馬教皇則因為伊莉莎白即位伊始便宣佈取消瑪麗一世在位時所恢復的天主教，把基督教定為英國國教而懷恨在心，教皇庇護五世以教廷懲治君王的「破門令」把伊莉莎白逐出教門，並支持歐洲所有天主教國家反對信奉新教的英國。

在眾多的反英陰謀活動中，尤以「帕里陰謀」更富有神秘色彩，整個事件顯得複雜而曖昧不清，以致事隔四百多年後的今天也無法辨明陰謀的主事者威廉·帕里到底是為誰賣命？

威廉·帕里原是個醫生，自稱是貴族後裔，實際上是個揮霍無度的浪蕩子，為了逃避債務，投身於貝爾利勳爵領導的英國間諜組織，多次來往於歐洲大陸，刺探教廷和耶穌會教士反英活動的情報。他只與貝爾利一人秘密聯繫。1580年秋他回到英國，馬上陷入債主的包圍之中。他盛怒之下想殺死債主，並搶劫其財產以擺脫困境，但事敗被捕，判成死刑。

　　後經伊莉莎白女王赦免，於1581年初被保釋
出獄，肩負女王特殊使命再次秘密赴歐洲大陸，
經巴黎到達米蘭、威尼斯，透過教皇駐威尼斯使
節和首席紅衣主教科莫介紹與羅馬教廷取得聯
繫。他表示願竭盡全力反對英國女王，為教廷效
勞。為取信於教皇，他揚言：他若向教皇披露一
項只有女王和他本人才知道的秘密計畫，將會給
女王以沉重打擊。他向科莫提出，想去羅馬謁見
教皇。教皇表示同意。但是帕里始終未敢去羅
馬。他耽心不慎暴露自己的身份被教廷逮捕，會
有辱女王聖命而獲罪。

　　接著，他去了法國里昂，在那裡致書貝爾利
勳爵，發誓：為了女王的利益，不惜犧牲自己的
生命，定要使教廷的陰謀失敗。隨後，他又赴巴
黎，與蘇格蘭女王瑪麗·斯圖亞特的駐法代表湯
瑪斯·摩根取得聯繫，秘密策劃暗殺伊莉莎白女
王的計畫。

　　1583年12月10日深夜，他又喬裝成天主教神

父，與摩根悄悄來到教皇駐巴黎使節的府邸，請求轉達他給科莫與教皇的兩封書信，再次竭誠表示為天主教事業效勞的願望，並將採取對耶穌教會和蘇格蘭女王極有利的行動。

與此同時，英國駐法大使愛德華‧斯塔福德卻向英國女王呈文，説威廉‧帕里要立即回國呈述極其重要的情報，並為他請功。

1584年1月，帕里回到英國。女王在白廳單獨召見了他。帕里當面奏稱：他是耶穌會教士在教皇指使下派來暗殺女王陛下的。不久，帕里又收到從巴黎轉來的教皇與科莫的兩封信，要他「實現自己神聖而崇高的意願」，答應「將讓他在天國裡得到優厚的報酬」。他立即把兩封信呈獻給了女王。為此，他得到女王的優厚獎賞；1584年11月，他當選為肯特郡的議員。此後，女王還多次召見過他。

可是，正當他取得女王信寵、飛黃騰達之時，他卻做出了兩件不可思議的事：一是多次與

愛德華‧內維爾——英國派遣在法國的間諜——
提到暗殺女王的計畫；二是同年12月他被昆斯博
羅地區推選為上議院議員後，竟在議會公開、尖
銳的抨擊政府反天主教徒的新法律，引起議會的
忿怒，上議院要求逮捕他，後來由於女王的干涉
和他的道歉，才得到寬恕。

此事平息不久，他又一次向內維爾提出謀殺
女王的計畫。內維爾出於恐懼，向首席大臣弗侖
西斯‧沃辛海告密。帕里為什麼要這樣做呢？是
為了繼續矇騙羅馬教皇，還是確有謀殺女王之心
呢？使人百思不解。

不久威廉‧帕里被捕，交付法庭審判。法庭
仍認定他是受教皇委託派到倫敦來執行暗殺女王
計畫的，犯有叛國罪，判以死刑。1585年3月2
日，帕里被送上斷頭臺。這樣的處決對帕里來說
是冤案呢，還是罪有應得？很難說清。這次陰謀
的組織者是誰？帕里是被送上了斷頭臺，但是留
給後人的謎團並沒有結束，一直無人可以解答。

甘迺迪遇刺之謎

一個刺殺的背後，必然隱藏著一個強大的利益集團。

1963年11月22日，美國總統約翰·甘迺迪在眾目睽睽之下遇刺身亡，舉國震驚！數十萬美國人懷著悲痛湧向華盛頓參加葬禮。40多年過去了，甘迺迪的遇刺事件真相仍然撲朔迷離，各種版本的不同說法引發爭議和關注：有人認為兇手殺總統是為出名、有人認為是南越政府的謀殺，更有人認為是當時的副總統策劃了這一切……

1963年11月22日，甘迺迪攜夫人賈桂琳正在美國南部德克薩斯州達拉斯城進行政務視察。12時30分，當總統車隊徐徐拐入榆樹街時，突然聽到「砰！砰！」兩聲槍響，隨後又是數聲，只見敞蓬轎車上的甘迺迪先用手護住頸部，接著前額

也被擊中，這是致命的一擊，他的身體隨之猛的
向後倒去，倒在了賈桂琳的膝上。隨後甘迺迪被
緊急送往派克蘭醫院，13時院方宣佈，甘迺迪總
統搶救無效死亡。兇手奧斯維德被當場被捕。

由於事情發生得太突然，國會決定由副總統
詹森繼任總統。詹森上任後，立即成立了一個7
人調查委員會，由最高法院大法官沃倫領導。經
多方取證和認真調查之後，該調查委員會於1964
年9月發佈了該案件的調查報告，報告指出刺殺
行動是奧斯維德一人所為，和其它部門與集團一
概無關。一時間，輿論譁然，這一結論難以讓人
信服，案情仍是迷霧重重。

1990年召開的一個記者招待會披露出了一些
鮮為人知的內幕事件。記者招待會是一個名為珍
尼佛‧懷特的婦女召開的，她聲稱自己的丈夫羅
克斯曾是一名殺手，與奧斯維德和魯比同時受命
於美國中央情報局。珍尼佛曾經親耳聽到他們商
量刺殺現任總統的計畫。甘迺迪遇刺後第4年，

羅克斯被中央情報局出賣,接著就死於一場令人匪夷所思的爆炸事件。到了1982年,珍尼佛的兒子李奇‧懷特無意間在家中發現了父親珍藏的私人日記,日記中對1963年的事件進行了詳細的記錄。美國聯邦調查局得知此消息後迅速派人取走了該本日記,至今尚未歸還。

刺殺事件發生後的20年內,涉及該案的重要證人都接二連三地丟掉了性命,死亡人數已近200人。而該案的真相卻始終未浮出水面。很多人注意到了這樣一件事實,那就是德克薩斯州法律規定死於當地的人,屍體必須在當地解剖,但是甘迺迪的屍體卻被直接送到了位於貝塞斯德的美國海軍醫療中心,並且總統的遺體是在其家屬尚未知曉的情況下進行秘密解剖的。於是有人斷言當時運到貝塞斯德的青銅棺內並無屍體,這一切只是為了掩人耳目。

整個事件充滿了神秘氣息,然而這只是甘迺迪家族半個世紀以來悲劇的開始,約翰‧甘迺迪

的弟弟羅伯特·甘迺迪在總統競選時也遭人槍殺。對此有一種說法是因為有人擔心一旦羅伯特·甘迺迪進入白宮，便會下令調查哥哥被害事件的整個內幕。甘迺迪家族的其它成員也由於各種各樣奇怪的原因死於非命，或是終身癱瘓，或是失去了一切政治資本。這個家族悲劇還延續到了下一代人，甘迺迪的兒子小約翰·甘迺迪儘管遵循母親賈桂琳的教誨低調生活，遠離政治，卻也未能擺脫不明不白的死亡結局。刺殺甘迺迪總統的兇手究竟是誰？

眾所周知，保護美國大財團、大企業家的利益一向是總統制定政策的行為準則。甘迺迪總統是個有進取心的年輕總統，「舊的時代已經結束，舊的行為和舊的思維方式已不再適用」是他競選總統的著名言論。甘迺迪當選後，便以改變保守的政治機器為己任，這使他與美國主要經濟部門大老們的矛盾日益激化，到了凶案發生的前一年，這些大老們已無法容忍，可甘迺迪當時的

威信很高，大老們擔心他連任下一屆總統會繼續影響他們的權益。另一方面，甘迺迪與中央情報局在古巴問題上也有很大的分歧，中情局的人極有可能也想拔去這個眼中釘。

也有人認為此事件最為關鍵的是以胡佛為首的聯邦調查局。胡佛歷經幾代總統，權高位重，手中掌握了很多政客的把柄，在美國政界幾乎可以一手遮天，可是甘迺迪不肯向他妥協，積極限制胡佛的權力，兩人勢如水火。據說在甘迺迪遇刺之前，撤換胡佛一事已提上了工作日程。於是，大財團、中情局、胡佛三者聯手策劃此次謀殺事件也是在意料之中的。

政府有關甘迺迪遇刺案的各種調查的調查似乎已經停止，但是民間對此事的調查仍在繼續，

「不要問你們的國家能為你們做些什麼，而要問你們能為自己的國家做些什麼。」在尚未完成的承諾中，撲朔迷離的死因更讓人爭論不休。

誰殺害了馬丁・路德・金

馬丁・路德・金的遇害，與美國總統甘迺迪遇害
一樣，成為20世紀最大的幾個死亡謎團之一。

　　馬丁・路德・金作為聞名世界的黑人領袖，
於1964年獲得了「諾貝爾和平獎」，在美國黑人
中享有崇高威望。他的《我有一個夢想》的演講
詞更是在世界引起強烈的轟動。然而，刺殺他的
兇手如今卻仍然是一個謎。

　　1968年4月4日下午6時左右，馬丁・路德・
金和幾名助手在下榻的洛倫賓館306房間內進
餐。他們慢慢的品嘗著，不時交談幾句無關緊要
的話。金始終不多語，似乎在聚精會神的考慮當
晚將舉行的集會。

　　晚飯後，金神思著走到陽臺上，把臂肘支在
欄杆上面，凝望著遠方的餘暉，黑暗即將來臨

了。突如其來的一顆子彈穿過美國黑人民權運動領袖馬丁‧路德‧金的頸部，就這樣，這位為爭取黑人權利而不懈奮鬥的勇士的生命結束了。

馬丁‧路德‧金的遇害震驚了美國，數十萬上百萬黑人湧上街頭，向政府發洩著憤怒情緒，美國政府連忙表態要全力緝拿兇手。並很快抓獲了真兇詹姆斯‧厄爾‧雷。

1968年11月12日，孟菲斯法院開庭審理此案。由於雷承認了刺殺行為，法庭當天就作出判決，雷被判處99年徒刑。

判決作出後，馬丁‧路德‧金的妻子當場提出抗議，她認為如此周密的謀殺，不可能是雷一人所為，他的背後一定有指使者。然而，法院極力要使公眾相信這次刺殺只是雷的個人行為，背後沒有陰謀。

在判決公佈的三天後，詹姆斯‧厄爾‧雷突然提出翻案，他表示自己是無辜的，是被人逼迫、誘騙認罪的。他的翻案言辭激烈，明眼人一

看就知道他有冤情。雷先後兩次提出上訴請求，但都被駁回。在後來的10年裡，雷又多次要求翻案，但多個法院態度一致，對他的要求置之不理。

其實，還有很多人與馬丁‧路德‧金的妻子持同樣懷疑態度，他們懷疑這起謀殺是政府有關人員在背後指使，於是，一些人開始暗中調查。

這種調查很快就發現更多的疑點：

詹姆斯‧厄爾‧雷雖然是慣犯，但水準低劣。1949年，他在洛杉磯企圖盜竊一架打字機，卻慌慌張張的把自己的存摺丟在現場，從而導致被捕。1952年，他持槍搶劫了一個計程車司機，僅搶到可憐的11美元，可他駕車逃跑時，在一個拐彎處竟把自己甩出車外，導致再次被捕。獲釋後，他又企圖洗劫一家雜貨鋪，被判20年徒刑。在服刑的13年中，他多次想越獄，但屢屢失敗，換來的是48年的刑期。

這些都說明，雷是個笨蛋，如果沒有高人指

點和幫助，他不可能完成刺殺馬丁‧路德‧金這樣周密的刺殺行動。

另外，調查者還發現，這次審判前後，雷更換了辯護律師。雷在支付了前任律師半年的費用後，以他當時的經濟狀況，哪有財力再請一位更著名的律師？

1978年，美國國會對馬丁‧路德‧金被刺一案進行專門調查，這次調查規模很大，僅收集的資料就多達數十萬頁，總結報告達800頁。

調查終於作出了馬丁‧路德‧金死於密謀的新結論。但是，至於密謀的具體情況和都有哪些參與者，國會卻表示無法查明。

有人認為，在政府看來，馬丁‧路德‧金領導組織集會、發動遊行、顛覆美國百餘年的種族制度、擾亂社會「正常」秩序，屬於危險分子。

聯邦政府一度對金籠絡收買，但遭到嚴詞拒絕，於是就動用專政手段，十餘次把他抓進監獄。在這種情況下，聯邦政府對金採取某種極端

行為以徹底消除隱患，也不是不可能的。

　　當然，這只是推測，沒有證據，因為人們在尋找證據的過程中遇到了太多的障礙，有些障礙是無法逾越的。馬丁‧路德‧金的被害真相仍是一個迷。

沙皇彼得三世
死於葉卡捷琳娜之手嗎

商場無父子，政治無骨肉血脈之情，親情在利益
與權力面前是如此的不堪。

  封建宮廷中始終存在著陰險欺詐與不擇手段
的爭鬥，很多人因此而成為專制獨裁與宮廷政變
的犧牲品。1762年，葉卡捷琳娜發動宮廷政變，
推翻彼得三世他的統治，7月彼得三世在獄中突
然死去。彼得三世因何而死？他的死與葉卡捷琳
娜是否有關呢？

  葉卡捷琳娜原名索菲亞·奧古斯特，出生於
德國什末青一個貧窮的家庭。當她知道了自己成
了彼得未婚妻後非常激動，她當即和母親一起，
不遠萬里來到俄國首府彼得堡。為了做個稱職的
皇后，她努力學習俄語，還改信了東正教，不久

她就能用標準的俄語虔誠的朗誦東正教的誓言，
在場的大主教和教徒們聽後十分感動，並流下淚
來。1745年8月，彼得正式娶葉卡捷琳娜為妻。

　　但是婚後，葉卡捷琳娜才發現彼得是個好色
之徒，他甚至把情婦帶到家中。而同時伊莉莎白
也對她這個異邦女子有所懷疑，並派人監視她，
年輕的葉卡捷琳娜暗暗地記著這些仇恨，並未作
過多的反抗。她一面刻苦讀書學習如何治國，一
面在政界和軍隊中扶植拉攏親信，並將情夫們都
安排到重要部門，以為她奪權作準備。

　　1761年伊莉莎白女皇逝世，彼得繼位。由於
國內政局長期動盪，人們都希望彼得三世可以整
頓一下國家。然而剛剛上臺的彼得三世卻經常以
自己的喜好對俄國現行制度和法令亂加改動，他
推動的一些政策損害了教會與貴族的利益，令他
們十分不滿。尤其是在對外政策上，彼得三世的
所作所為讓政界和軍界非常反感。

　　1762年6月24日彼得三世離開彼得堡去奧拉

寧堡發動對丹麥的進攻，葉卡捷琳娜被留在彼得堡。7月9日凌晨5時，葉卡捷琳娜發動政變，控制了首都局勢，成為女皇。彼得三世要求與女皇平分政權，但遭到了斷然的拒絕。他只好宣佈退位，最後的條件就是女皇能歸還他的情人、小提琴和一隻猴子，以便他能度過後半生。7月18日，葉卡捷琳娜在樞密院正式登基，史稱葉卡捷琳娜二世。就在葉卡捷琳娜就任皇位的同一天，彼得三世暴死在了獄中。

但彼得三世因何而死？一種說法是為除後患，女皇派人勒死了彼得三世。還有種說法稱彼得三世是在酒後與人打架被人失手打死的。第三種說法則稱他是被人毒死的，當時法國外交部檔案記載：一些人按照俄國風俗吻彼得三世的遺體以示告別，這些人的嘴唇後來卻奇怪地腫了起來。彼得三世的真正死因是什麼？葉卡捷琳娜又在其中做了什麼手腳呢？這一切都隨著彼得三世的死而成為謎案。

i-smart

智學堂

智慧是學習的殿堂

★ 親愛的讀者您好，感謝您購買 <u>那些聾人聽聞的離奇巧合 事件簿2（攜帶版）</u> 這本書！

為了提供您更好的服務品質，請務必填寫回函資料後寄回，我們將贈送您一本好書（隨機選贈）及生日當月購書優惠，您的意見與建議是我們不斷進步的目標，智學堂文化再一次感謝您的支持！
想知道更多更即時的訊息，請搜尋 "永續圖書粉絲團"

您也可以使用以下傳真電話或是圖檔寄回本公司電子信箱，謝謝！

傳真電話：　　　　　　　　　　電子信箱：
（02）8647-3660　　　　　　　yungjiuh@ms45.hinet.net

姓名：＿＿＿＿＿＿ ○先生 ○小姐　生日：＿＿＿＿＿　電話：＿＿＿＿＿

地址：＿＿＿＿＿＿＿＿＿＿＿＿＿＿＿＿＿＿＿＿＿＿＿＿＿＿＿

E-mail：＿＿＿＿＿＿＿＿＿＿＿＿＿＿＿＿＿＿＿＿＿＿＿＿＿

購買地點（店名）：＿＿＿＿＿＿＿＿＿　購買金額：＿＿＿＿＿

職　業：○學生　○大眾傳播　○自由業　○資訊業　○金融業　○服務業　○教職
　　　　○軍警　○製造業　○公職　○其他＿＿＿＿＿＿＿＿＿

教育程度：○高中以下（含高中）　○大學、專科　○研究所以上

您對本書的意見：☆內容　　　　　　○符合期待　○普通　○尚改進　○不符合期待
　　　　　　　　☆排版　　　　　　○符合期待　○普通　○尚改進　○不符合期待
　　　　　　　　☆文字閱讀　　　　○符合期待　○普通　○尚改進　○不符合期待
　　　　　　　　☆封面設計　　　　○符合期待　○普通　○尚改進　○不符合期待
　　　　　　　　☆印刷品質　　　　○符合期待　○普通　○尚改進　○不符合期待

您的寶貴建議：